L'ALHAMBRA

DE GRENADE

—

NOUVELLE SÉRIE

PROPRIÉTÉ DES ÉDITEURS

THE ALHAMBRA

La première chose que j'aperçus fut Dolores tenant dans ses mains le pigeon fuyard. (P. 112.)

L'ALHAMBRA

DE GRENADE

SOUVENIRS ET LÉGENDES

PAR

W. IRVING

TRADUIT DE L'ANGLAIS PAR M. RICHARD VIOT

TOURS

ALFRED MAME ET FILS, ÉDITEURS

M DCCC LXXXVI

Edilux

© ALFRED MAME ET FILS, ÉDITEURS
© EDILUX

C/Albahaca 1, 5º f
18006 - GRANADA
ISBN - 84-87282-77-6
D.P. Gr - 24 /95
Imprimerie Alsur s.l.

(All rights reserved)

L'ALHAMBRA

DE GRENADE

CHAPITRE I

LE VOYAGE

Au printemps de 1829, l'auteur de ce livre entreprit une excursion de Séville à Grenade avec un de ses amis, attaché de l'ambassade russe à Madrid. Le hasard nous avait réunis de contrées éloignées du globe, et la similitude de nos goûts nous suggéra l'idée d'explorer ensemble les montagnes romantiques de l'Andalousie. Quel que soit l'endroit où l'aient conduit les devoirs de sa profession, si jamais ces pages tombent sous ses yeux au milieu du bruit et de la pompe des cours, ou viennent interrompre ses méditations sur les splendeurs plus élevées de la nature, puissent-elles lui rappeler notre aventureuse expédition et le nom de cet ami dont la mémoire a fidèlement gardé, en dépit du temps et de la distance, le souvenir de ses qualités aimables et précieuses !

Avant de commencer, qu'on veuille bien me permettre ici quelques remarques sur ce beau pays de l'Espagne et sur la manière d'y voyager. Beaucoup de personnes se représentent la Péninsule comme une région caressée des plus doux rayons d'un chaud soleil, et revêtue de tous les charmes de la voluptueuse Italie. Au contraire, à l'exception de quelques provinces maritimes, elle n'offre aux regards, la plupart du temps, qu'une contrée d'un aspect triste et sévère, des montagnes abruptes, d'immenses plaines solitaires dépourvues d'arbres, où règne un silence d'une inexprimable mélancolie, et qui rappellent les déserts sauvages de l'Afrique. Ce qui rend encore plus saisissant l'effet de ce silence et de cette monotonie, c'est de n'y jamais entendre le chant des oiseaux, conséquence naturelle de l'absence des bosquets et des haies. Le vautour et l'aigle décrivent de grands cercles autour du sommet des montagnes et traversent les plaines d'un vol rapide; les outardes timides parcourent gravement les bruyères; mais ces myriades de petits oiseaux, la vie et l'ornement des autres pays, ne se rencontrent que dans un petit nombre des provinces espagnoles, et encore se réfugient-ils de préférence dans les vergers et les jardins qui entourent la demeure de l'homme.

Dans l'intérieur des provinces, le voyageur traverse parfois d'immenses régions, tantôt couvertes d'un blé verdoyant dont les ondulations se succèdent à perte de vue, tantôt arides et brûlées du soleil; mais ses yeux cherchent inutilement le cultivateur qui a tracé ces sillons. A la fin il aperçoit, sur les flancs abrupts d'une montagne, ou perché sur quelque roc décharné, un village flanqué de murailles crénelées en ruines, et dominé par un vieux donjon croulant, antique forteresse, autrefois sa protection durant les guerres civiles ou les incursions des Maures. La coutume de se réunir dans un but de défense commune contre les bandes de pillards existe encore parmi les paysans de presque toute l'Espagne.

Bien que ce pays soit à peu près dépourvu de forêts, et que l'œil n'y soit presque jamais réjoui par les charmes plus doux de la nature cultivée, néanmoins il possède un genre de beauté noble et sévère qui s'allie bien avec le caractère de ses habitants. Depuis que j'ai vu l'Espagnol dans sa patrie, je comprends mieux sa fierté, sa bravoure, sa frugalité, sa tempérance, son courage dans l'infortune, et son mepris de toutes les recherches d'une vie molle et efféminée.

L'aspect à la fois simple et austère du paysage espagnol fait aussi naître dans l'âme l'impression du sublime. Les immenses plaines de la Castille et de la Manche, dont l'œil n'atteint pas les limites, vous charment par leur nudité et leur immensité même, et rappellent en quelque sorte la grandeur solennelle de l'Océan.

En parcourant du regard ces espaces infinis, on aperçoit quelques troupeaux dispersés çà et là, sous la garde d'un berger solitaire, immobile comme une statue, muni d'un long et mince bâton à la pointe aiguë comme une lance; parfois une interminable file de mules s'avance lentement comme une caravane de chameaux à travers le désert, ou quelque pâtre, armé d'une espingole et d'un stylet, rôde comme un brigand au milieu de la plaine. En un mot, le pays, les mœurs, les allures des habitants ont quelque chose du caractère arabe. La meilleure preuve du peu de sécurité de ce pays se reconnaît à l'usage général des armes; pas un berger ne sort sans son mousquet et son couteau. Le riche villageois ne se risquera jamais jusqu'au marché de la ville voisine s'il ne se sent appuyé de son *trabuco*[1], et peut-être aussi de la présence d'un domestique à pied, l'escopette à l'épaule : le moindre voyage est l'objet de préparatifs belliqueux.

Les périls de la route ont donné naissance à une manière de voyager qui rappelle, sur une moindre échelle, les caravanes de l'O-

---

[1] Mousquet de gros calibre.

rient. Les *arrieros,* ou muletiers, réunis en convois importants et bien armés, partent à jour fixe ; le commerce du pays s'opère de cette façon primitive.

Le muletier est l'intermédiaire universel ; c'est le grand convoyeur en titre ; il traverse la Péninsule depuis les Pyrénées et les Asturies jusqu'aux Alpuxarras, à la Serrania de Ronda, et ne s'arrête qu'aux portes mêmes de Gibraltar. Il est frugal et sobre ; ses *alforjas*[1] de gros drap contiennent ses maigres provisions ; une bouteille de cuir pendue à l'arçon de sa selle est remplie de la quantité d'eau ou de vin nécessaire pour traverser les montagnes arides et les plaines desséchées. Sa couverture étendue par terre lui sert de lit, et il appuie sa tête sur sa selle en guise d'oreiller. De petite stature, mais bien découplé et nerveux, tout en lui annonce la vigueur ; son teint déjà brun est brûlé par le soleil ; l'expression de son regard résolu est habituellement calme, à moins qu'il ne soit troublé par quelque émotion violente ; ses

---

[1] Sacs pendus à la selle.

Dans la Sierra.

manières sont franches, viriles et courtoises; jamais il ne passera près de vous sans vous adresser cette grave salutation : « *Dios guarde á Usted. Vaya Usted con Dios, caballero.* Dieu vous garde. Que Dieu vous accompagne, cavalier. »

Comme ces hommes risquent souvent toute leur fortune sur le dos de leurs mules, ils conservent leurs armes à portée de la main, attachées à leur selle, et sont toujours prêts à vendre chèrement leur vie. Mais leur nombre les garantit contre l'attaque des petites troupes de pillards. Quant au *bandolero*[1] solitaire, armé jusqu'aux dents et monté sur son cheval andalou, il rôde autour d'eux, comme un pirate autour d'un convoi de vaisseaux marchands, sans se décider à les assaillir.

Le muletier espagnol possède un répertoire inépuisable de chansons et de ballades qui trompent la longueur des étapes de ses continuels voyages. L'air en est simple, rude et peu modulé; mais il les chante d'une voix

---

[1] Voleur de grand chemin.

forte et traînante, assis de côté sur sa mule, qui paraît l'écouter avec une gravité infinie et marque la mesure de son pas cadencé. Les couplets, ainsi conservés par tradition, sont souvent d'antiques romances sur les Maures, des légendes de saints ou de simples chansons romanesques; plus souvent encore c'est une ballade racontant les hauts faits d'un audacieux *contrabandista* ou d'un hardi *bandolero,* car le contrebandier et le brigand sont des types de héros aux yeux du menu peuple espagnol. Plus d'une fois le muletier improvise sa chanson et y raconte un événement local ou quelque incident de voyage. Ce talent de composition et d'improvisation se remarque fréquemment en Espagne; c'est, paraît-il, un héritage des Maures. Rien n'est plus intéressant ni d'un effet plus fantastique que d'entendre chanter cette rude poésie, soutenue par les grelots des mules, au milieu même des sites désolés et sauvages où se sont passés les exploits qu'elle célèbre.

Un incident pittoresque est la rencontre d'un convoi de mules parmi les défilés d'une montagne. On entend d'abord retentir dans le lointain le son mélodieux des grelots qui vient rompre le silence de ces endroits élevés, ou bien la voix du muletier gourmandant une de ses bêtes paresseusement attardée, ou chantant une antique ballade de toute la force de ses poumons. Enfin vous apercevez les mules franchissant en zigzag un défilé rocailleux, ou descendant parfois une pente si raide, qu'elles se détachent en relief sur l'horizon, ou bien encore gravissant avec peine les flancs arides de l'abîme qui se creuse sous vos pieds. A mesure que ce long convoi se rapproche, on peut distinguer le brillant harnais des mules, orné de glands, de pompons et de tresses de laine multicolore, et les couvertures éclatantes des selles; mais, lorsqu'il passe à vos côtés, la vue de l'éternel *trabuco* accroché aux ballots de marchandises vous rappelle soudain le peu de sécurité des routes.

L'ancien royaume de Grenade, dans lequel nous allions pénétrer, constitue l'une des régions les plus montagneuses de l'Espagne. De vastes *sierras* ou chaînes de montagnes, sans le moindre vestige d'arbres ou de broussailles, veinées des marbres et des granits les plus variés, élèvent dans les airs leurs pics rugueux et décharnés, qui se détachent nettement sur le ciel d'un bleu sombre. Néanmoins, dans leur sein pierreux et aride ces monts recèlent les vallées les plus verdoyantes et les plus fertiles, où le désert et la végétation se livrent un perpétuel combat; là le roc lui-même est contraint en quelque sorte de produire la figue, l'orange, le citron, et disparaît sous les fleurs innombrables des myrtes et des roses.

Lorsqu'on aperçoit au milieu de ces défilés sauvages quelque ville ou village suspendu aux rochers comme un nid d'aigle, entouré de murailles crénelées par les Arabes et de tours en ruines audacieusement assises au sommet des pics les plus aigus, l'esprit se reporte aux temps chevaleresques où les chrétiens et les Maures se livraient de si merveilleuses batailles pour la possession de Grenade.

En traversant ces *sierras* élevées, le voyageur est souvent obligé de mettre pied à terre et de conduire son cheval par la bride pour franchir des montées et des descentes qui ressemblent aux marches brisées d'un gigantesque escalier. Parfois la route côtoie les bords sinueux d'un précipice effrayant, sans le moindre parapet qui protège l'imprudent voyageur contre l'attraction fatale de ces abîmes vertigineux; ou bien elle s'engage au fond de sombres *barrancos* et de crevasses pierreuses, profondément ravinés par les torrents impétueux de l'hiver, où le contrebandier aime à se glisser dans l'ombre. De temps à autre une croix d'un aspect sinistre, érigée sur un monticule de pierres, et funèbre souvenir d'un meurtre ou d'un vol, rappelle brusquement au malheureux touriste qu'il se trouve en plein pays de brigands; peut-être même quelque *bandolero* à l'affût le guette en ce moment comme une proie facile à saisir.

D'autres périls le menacent encore lorsqu'il suit les capricieux méandres d'un étroit vallon; d'affreux mugissements le font tout à coup tressaillir : au-dessus de sa tête, sur les flancs verdoyants de la montagne, apparaît à ses regards un troupeau de féroces taureaux andalous, destinés aux combats du cirque. J'avoue avoir éprouvé une sensation de délicieuse terreur en contemplant ces dangereux animaux, doués d'une force prodigieuse, vivant à l'état sauvage, et presque

Taureaux andalous.

étrangers à l'homme, au milieu des pâturages qui les ont vus naître; ils ne connaissent que l'unique pâtre qui veille sur eux, et qu'une salutaire frayeur empêche quelquefois de les approcher de trop près. Les sourds mugissements de ces taureaux et leurs regards menaçants, du haut de leur forteresse rocheuse, augmentent encore l'épouvante causée par le site désolé qui les entoure.

C'est bien malgré moi que je me suis laissé aller à cette trop longue digression sur les principaux traits qui caractérisent la manière de voyager en Espagne; mais tous les souvenirs de ce pays romanesque laissent dans l'imagination une trace ineffaçable.

Ce fut le 1er mai que mon compagnon et moi nous quittâmes Séville pour nous rendre à Grenade. Nous avions fait tous les préparatifs indispensables pour un voyage qui devait nous faire traverser des régions montagneuses, où les chemins, ou plutôt les sentiers à l'usage des mules, sont trop fréquemment infestés de voleurs. La majeure partie de nos bagages fut expédiée par les *arrieros;* nous ne gardâmes que des vêtements, les objets indispensables pour la route, de l'argent pour nos dépenses, et un petit extra destiné à satisfaire la rapacité des brigands si nous tombions entre leurs mains, et à nous préserver des mauvais traitements, partage inévitable des voyageurs assez imprudents pour se laisser prendre les poches vides.

Deux vigoureuses montures furent louées pour notre usage ; une troisième portait notre modeste bagage et un jeune Biscayen d'environ vingt ans, chargé de nous guider à travers l'inextricable réseau des sentiers de la montagne, de soigner nos chevaux, d'être parfois notre valet et toujours notre garde du corps ; car il était armé d'un *trabuco,* ou carabine, dont l'aspect formidable devait suffire à nous défendre des *rateros,* vagabonds solitaires et pillards : ce trabuco faisait sa gloire, et cependant, je l'avouerai à sa honte, la plupart du temps il n'était pas chargé, et pendait inutile derrière sa selle. Notre valet était fidèle, gai, aimable et bon ; à l'instar de ce miracle des écuyers, l'illustre Sancho, dont nous lui avions donné le nom fameux, sa mémoire fourmillait de dictons et de proverbes. En véritable Espagnol, et malgré la familiarité avec laquelle nous le traitions, jamais, même au milieu du plus joyeux abandon, il ne franchit les limites du plus respectueux décorum.

Ainsi équipés et accompagnés, nous commençâmes notre expédition, bien résolus à ne nous point montrer difficiles. Pour un voyageur animé de semblables dispositions, quel pays que cette Espagne, où la plus misérable auberge vous réserve autant d'aventures qu'un palais enchanté, et où chaque repas peut être célébré comme une victoire ! Que d'autres regrettent les routes bien entretenues, les somptueux hôtels, et tout le confortable d'un pays rendu monotone et vulgaire à force de culture ; mais laissez-moi jouir de ces rudes ascensions dans la montagne, de ces courses à l'aventure, et de ces mœurs franches, hospitalières, bien qu'à demi sauvages, qui donnent un charme particulier à la romantique Espagne.

Dès le premier soir, l'accueil qu'on nous fit ne manqua pas d'originalité. Nous atteignîmes, au coucher du soleil, une petite ville située au milieu des montagnes, après une course fatigante à travers une immense plaine inhabitée, où des averses nous avaient, à plusieurs reprises, trempés jusqu'aux os. Une troupe de miquelets, chargés de poursuivre des voleurs cachés dans le pays, occupait l'auberge.

La vue d'étrangers tels que nous était bien faite pour surprendre dans cet endroit perdu. Notre hôte, assisté de deux ou trois compères en manteaux bruns, étudiait nos passeports dans un coin de la *posada*, tandis que l'*alguazil* prenait des notes à la lueur incertaine d'une lampe. Les passeports, rédigés en langue étrangère, augmentèrent leur embarras; mais notre écuyer Sancho vint à leur secours, et avec toute l'emphase d'un Espagnol réussit à nous donner une grande importance.

Pendant ce temps, l'offre magnifique de quelques cigares gagna le cœur de tous les assistants, et en un clin d'œil chacun s'empressa pour nous recevoir avec hospitalité. Le *corregidor* lui-même vint nous saluer; un énorme fauteuil, garni de paille, fut bruyamment apporté dans la salle par l'hôtesse, en l'honneur de cet important personnage. Le commandant de la petite troupe daigna souper avec nous; c'était un Andalous verbeux et de joyeuse humeur, qui avait fait

La danse du *fandango*.

campagne dans l'Amérique du Sud, et nous raconta ses exploits variés dans un style pompeux et ampoulé, accompagné de gestes véhéments et d'œillades mystérieuses. Il nous fit savoir qu'il avait une liste de tous les voleurs du pays, et se proposait de les découvrir jusqu'au dernier; il nous offrit en même temps une escorte de quelques-uns de ses soldats. « Un seul suffirait pour votre protection, *senores,* et répandrait la terreur dans toute la *sierra,* car les voleurs me connaissent bien, ainsi que mes hommes. » Nous le remerciâmes de cette offre, en l'assurant sur le même ton qu'avec l'assistance de notre redoutable écuyer Sancho nous pouvions défier tous les brigands de l'Andalousie.

Pendant que nous soupions avec notre valeureux ami, on entendit le ronflement d'une guitare et le cliquetis des castagnettes, puis un chœur de voix chantant un air populaire. Notre digne hôte avait eu l'heureuse idée de réunir quelques musiciens amateurs et les rustiques beautés des environs; à notre arrivée dans la cour, nous eûmes l'intéressant spectacle d'une véritable fête espagnole.

Aussitôt, en compagnie de notre hôte, de notre hôtesse et du commandant de la petite troupe, nous prîmes place sur des sièges rangés sous la voûte de la porte d'entrée. La guitare passait de main en main; mais un cordonnier, dont la figure avenante et joviale était encadrée d'énormes favoris noirs, montra le talent d'un véritable Orphée; les manches retroussées jusqu'aux coudes, il pinçait de la guitare avec un remarquable talent, et chantait des romances fort sentimentales, accompagnées de regards langoureux et comiques à l'adresse de la partie féminine de son auditoire, qui semblait le tenir en haute estime. Il finit par exécuter lui-même la danse du *fandango* en compagnie d'une robuste Andalouse, à la grande joie des spectateurs.

Aucune des femmes présentes ne montra plus de grâce que la charmante fille de notre hôte, Pepita, qui avait disparu pour se préparer à la fête et orner sa chevelure de roses avant de danser un *bolero* avec un jeune dragon.

Nous avions ordonné à notre hôte de faire généreusement servir du vin et des rafraîchissements à ces braves gens ; mais, parmi cette réunion variée de soldats, de muletiers et de paysans, personne, malgré l'excitation du plaisir, ne dépassa les bornes de la sobriété.

Les groupes pittoresques des danseurs, les soldats à l'uniforme demi-militaire, les paysans enveloppés de leurs capes brunes, en un mot, toute cette scène pleine d'animation aurait réjoui le cœur d'un artiste et inspiré son pinceau. N'oublions pas non plus le vieil alguazil, un manteau court sur sa maigre échine, parfaitement insensible à tout ce vacarne, et assis dans un coin, où il griffonnait avec ardeur à la lueur vacillante d'une antique lampe de cuivre qui avait dû éclairer les veillées laborieuses de l'illustre chevalier don Quichotte.

Je n'ai pas la prétention de raconter avec ordre et méthode les diverses aventures de notre expédition de quelques jours à travers les collines et les vallons, les landes sauvages et les montagnes. Nous voyagions en contrebandiers, prenant les choses comme elles se présentaient et vivant de pair à compagnon avec les gens de tout rang et de toute condition que les hasards de la route nous faisaient rencontrer. C'est la véritable manière de parcourir l'Espagne.

Connaissant d'avance la pauvreté des auberges et l'état presque sauvage des régions que nous devions traverser, nous avions pris soin, au départ, de bien garnir de provisions les *alforjas,* ou sacs suspendus à la selle de notre écuyer; sa *bota,* ou bouteille de cuir, au ventre rebondi, était remplie jusqu'au goulot d'un excellent vin de Valdepeñas. Comme ces munitions de campagne avaient à nos yeux plus d'importance que son fameux *trabuco,* nous l'avions exhorté à ne les point perdre de vue : je dois lui rendre cette justice qu'il ne se montrait pas inférieur à son illustre homonyme, le gourmand Sancho lui-même, pour sa prudente sollicitude à s'approvisionner. En vain les *alforjas* et la *bota* recevaient-elles de vigoureux assauts pendant la route, elles restaient toujours miraculeusement pleines; car notre vigilant écuyer, soucieux d'assurer la collation du lendemain, ne manquait jamais de faire disparaître au fond de son sac tous les restes de nos soupers à l'auberge.

Quels festins délicieux n'avons-nous pas faits sur le gazon verdoyant, assis près d'un

ruisseau ou d'une fontaine, à l'ombre de quelque arbre feuillu! Puis quelles *siestas* voluptueuses sur nos manteaux étendus par terre!

Un jour nous fîmes halte, pour un repas de ce genre, dans une petite prairie d'un vert d'émeraude, entourée de montagnes que couronnaient des oliviers. Nos manteaux avaient été jetés sur l'herbe, nos chevaux attachés broutaient à quelque distance, lorsque Sancho produisit ses *alforjas* d'un air triomphant. Elles contenaient les économies de quatre jours de voyage, et s'étaient surtout enrichies, la veille au soir, à la suite d'un repas plantureux dans une auberge d'Antequera. Notre écuyer en sortit un par un les objets les plus bizarres, et ce défilé semblait interminable. Une épaule d'agneau rôtie, encore fort présentable, apparut d'abord, précédant une perdrix intacte; puis vint un énorme morceau de merluche enveloppée d'un papier, bientôt suivie des ruines d'un jambon et de la moitié d'un poulet, flanqué de nombreux petits pains; et enfin, pour le bouquet, une véritable avalanche d'oranges, de figues, de raisins et de noix; quant à sa *bota* de cuir, ses flancs étaient gonflés d'un excellent vin de Malaga. A la vue de ces victuailles, notre ébahissement était si comique, que le digne garçon, hors de lui, se roulait sur l'herbe en riant aux éclats; il montrait une joie naïve lorsque nous l'assurions que l'ardeur de son zèle pour assurer les vivres ne le cédait pas à celui de l'illustre écuyer de don Quichotte. Comme la plupart des gens du peuple, il connaissait à fond l'histoire du célèbre chevalier, et la tenait pour très véridique.

« Tout cela est arrivé il y a bien longtemps, señor? me demanda-t-il un jour d'un air curieux.

— Fort longtemps, en effet, répondis-je.

— Il y a peut-être bien plus de mille ans?

— Pas moins, je crois. »

L'écuyer se tint pour satisfait.

Pendant que nous achevions notre repas, tout en nous divertissant de l'amusante simplicité de notre écuyer, un mendiant solitaire, qui ressemblait presque à un pèlerin, s'approcha de nous. Appuyé sur un bâton, le visage orné d'une belle barbe grise, il devait être fort vieux; mais l'âge ne l'avait point cassé, et sa taille, encore droite et ferme, conservait un reste de son ancienne élégance. Il portait un chapeau rond andalou, une veste en peau de mouton, des culottes de cuir, des guêtres et des sandales.

Ses vêtements, bien que vieux et rapiécés, étaient décents, ses manières distinguées, et il nous adressa la parole avec cette courtoisie pleine de gravité qui caractérise l'Espagnol de la classe la plus infime.

Nous étions bien disposés à accueillir favorablement un tel visiteur, et, dans un élan de capricieuse charité, nous lui donnâmes quelques pièces d'argent, un pain de beau froment et un verre de notre délicieux vin de Malaga. Il reçut nos dons avec reconnaissance, mais sans aucune servilité.

Après avoir goûté le vin, il l'éleva vers la lumière avec une légère expression d'étonnement dans le regard; puis, vidant son verre d'un trait : « Il y a longtemps, dit-il, que je n'ai bu de pareil vin; quel cordial pour réchauffer le cœur d'un pauvre vieux! » Ensuite il jeta les yeux sur le beau pain : « *Bendito sea tal pan!* Béni soit un tel pain ! » En disant ces mots, il le plaça dans sa besace. Comme nous le pressions de le manger sur-le-champ :

« Non, señores, répondit-il. Je devais boire le vin ou l'abandonner; quant au pain, je l'emporterai chez moi, afin de le partager avec ma famille. »

Notre écuyer Sancho nous consulta du regard, et, tacitement autorisé, donna au vieillard une portion des restes abondants de notre repas, à condition qu'il s'assiérait pour se régaler à son aise.

Il s'installa donc à quelque distance de nous, et se mit à manger avec une lenteur, une sobriété et un décorum qui auraient fait honneur à un *hidalgo*. Les manières calmes, mesurées et dignes de ce bonhomme me firent supposer qu'il avait vu de meilleurs jours; son langage, bien que simple, prenait de temps à autre une allure pittoresque, poétique même, et je crus avoir découvert quelque gentilhomme ruiné.

Je me trompais : ce n'était que la courtoisie native d'un Espagnol, et ce tour poétique des pensées et du langage si fréquemment remarqué parmi les plus basses classes de ce peuple intelligent.

Pendant cinquante ans il avait exercé le métier de pâtre; actuellement il se trouvait sans emploi ni ressources.

« Dans ma jeunesse, nous disait-il, je ne connaissais ni la souffrance ni la peine ; j'étais toujours bien portant, toujours gai ; maintenant, âgé de soixante-dix-neuf ans et réduit à la mendicité, le cœur commence à me manquer. »

Ce n'était cependant pas un mendiant de profession, et cette dégradation n'était venue l'humilier que dans ces derniers temps ; il me fit un touchant récit des luttes de son orgueil aux prises avec la faim, lorsque la misère la plus abjecte vint l'étreindre pour la première fois.

Il revenait alors de Malaga sans le moindre maravédi, l'estomac vide, et traversait une de ces immenses plaines d'Espagne presque désertes. A moitié mort de faim, il heurta à la porte d'une *venta,* sorte d'auberge de campagne. « *Perdone Usted, por Dios, hermano.* Excusez-nous, frère, pour l'amour de Dieu ! » fut la seule réponse qu'il obtint : cette formule polie est la manière habituelle d'éconduire un pauvre en Espagne.

« Je m'éloignai, dit-il, plus torturé par la honte que par la faim, car mon cœur était encore plein d'orgueil, et je m'approchai d'une rivière aux berges élevées, dont le courant rapide et profond me suggéra la pensée de m'y précipiter.

« Que sert-il de vivre à un pauvre vieux aussi misérable que moi? Quand je fus au bord de l'eau, je songeai à la bienheureuse Vierge Marie, et je m'éloignai. Après avoir repris ma course, j'aperçus une petite maison de campagne à peu de distance de la route, et je franchis la porte extérieure de la cour. L'habitation était close, mais deux jeunes señoras se tenaient à une fenêtre. A peine avais-je ouvert la bouche pour implorer leur charité, que j'entendis ces mots : « *Perdone Usted, por Dios, hermano!* » et la fenêtre se ferma. Je me traînai hors de la cour, mais la faim l'emporta et mes forces m'abandonnèrent; je me couchai à la porte, croyant ma dernière heure venue, et, après m'être recommandé à la sainte Vierge, je me couvris la tête pour mourir. Peu de temps après, le maître de la maison rentra; il m'aperçut étendu à sa porte, me découvrit le visage, et, touché de pitié à la vue de mes cheveux blancs, il me fit entrer chez lui et m'offrit un peu de nourriture. Vous voyez, señores, que l'on doit toujours mettre sa confiance dans la protection de la Vierge. »

Ce vieillard se rendait à Archidona, sa ville natale, située à peu de distance, sur une montagne escarpée et pierreuse. Il nous montra du doigt les ruines de son vieux château arabe : « Cette forteresse, dit-il, était habitée par un roi maure, à l'époque des guerres de Grenade. La reine Isabelle l'investit avec une armée nombreuse; mais le roi la considéra du haut de ses murailles, dont le sommet se cachait dans les nuages, et se mit à rire avec mépris. La Vierge apparut alors à la reine et la guida, ainsi que ses troupes, par un sentier mystérieux des montagnes inconnu jusqu'alors. Lorsque le roi maure la vit s'approcher, saisi d'étonnement, il se précipita avec son cheval du haut d'un précipice, où son corps fut brisé en mille pièces. La marque des fers du cheval, ajouta le vieillard, s'est imprimée dans le rocher, où on les voit encore aujourd'hui. Tenez, señores, voici la route parcourue par la reine et son armée; elle se déroule comme un ruban le long des flancs de la montagne : le miracle, c'est qu'elle reste visible de loin et disparaît quand on approche. »

Cette route merveilleuse qu'il nous indiquait n'était pas autre chose qu'un ravin sablonneux de la montagne, dont la ligne étroite se détachait nettement à distance, mais ne tardait pas à s'élargir et à s'effacer dès qu'on en atteignait la base.

Échauffé par le vin et la bonne chère, le bonhomme entreprit de nous raconter l'histoire d'un trésor enterré sous le château du roi maure; sa propre demeure était voisine des fondations. Le curé et le notaire avaient trois fois rêvé de ce trésor, et commencé des recherches à l'endroit indiqué par leurs songes; son gendre avait même entendu, pendant la nuit, le bruit de leurs pelles et de leurs pioches. On ignore ce qu'ils ont trouvé, mais ils sont tout à coup devenus riches et n'ont rien révélé. Ce pauvre vieux avait donc été voisin de la fortune, sans jamais réussir à la loger sous son toit.

J'ai souvent remarqué que les légendes de

trésors enterrés par les Maures, très répandues en Espagne, sont accueillies avec faveur, surtout par la classe la plus pauvre. C'est ainsi que la nature, toujours compatissante, a mis à leur disposition une splendide moisson de chimères à la place des biens plus substantiels de cette vie. L'homme dévoré de la soif rêve de fontaines et de frais ruisseaux, l'affamé de banquets imaginaires, et le plus misérable aperçoit des trésors mystérieusement cachés : rien ne peut donner une idée de la richesse d'imagination d'un mendiant espagnol.

Le dernier incident de voyage que je vais raconter se passa un soir dans la petite ville de Loxa, place de guerre et poste de frontières célèbre au temps des Maures, et dont la garnison repoussa le roi Ferdinand de ses murs. C'était le repaire fortifié d'Aliatan, beau-père de Boabdil, à l'époque où ce fougueux vétéran, suivi de son gendre, entreprit cette désastreuse expédition qui se termina par la mort du vieux capitaine et la capture du monarque.

Loxa s'étend à l'aise dans un défilé rocailleux de la montagne, sur les bords du Genil, parmi les rochers, les bosquets, les jardins et les prés verdoyants. La population paraît avoir conservé le caractère audacieux et bouillant d'autrefois. Notre hôtel, digne de l'endroit, était tenu par une jeune veuve andalouse dont la « basquiña », richement garnie de jais, faisait admirablement ressortir les grâces de sa personne.

Son frère, à peu près de son âge, n'était pas moins remarquable : l'un et l'autre offraient le type le plus pur du *majo* et de la *maja* andalous. Grand, vigoureux, élancé, il avait le teint brun mais clair, des yeux noirs et expressifs, et des favoris châtains et frisés qui se rejoignaient sous le menton. Il portait une veste élégante et courte en velours vert, ajustée à sa taille avec un soin extrême et couverte d'une profusion de boutons d'argent; un mouchoir blanc sortait à demi de chacune de ses deux poches. Des rangées de boutons, alignés depuis la ceinture jusqu'aux genoux, ornaient ses culottes de velours assorti à la veste; autour du cou un foulard de soie rose, maintenu par un anneau, retombait avec grâce sur une chemise finement plissée; une superbe ceinture entourait sa taille; enfin des guêtres d'un beau cuir brun, ouvertes au mollet pour laisser voir le bas, et de fines chaussures moulant un pied bien cambré, terminaient ce costume non moins riche que pittoresque.

Tandis qu'il se tenait à sa porte, un cavalier s'approcha et l'entretint à voix basse, mais avec beaucoup d'animation. Ce nouveau venu portait un costume analogue et presque aussi riche : c'était un homme d'environ trente ans, large d'épaules, au type romain très accentué; sa figure avenante portait des traces légères de la petite vérole, et sa tournure fière et dégagée avait une pointe d'audace. Un harnais de fantaisie, orné de glands et de tresses, faisait ressortir l'élégance de son vigoureux cheval noir, et deux espingoles au canon évasé étaient attachées derrière la selle. En un mot, il ressemblait à un de ces *contrabandistas* que j'ai souvent rencontrés dans les montagnes de Ronda, et paraissait être dans les meilleurs termes avec le frère de notre belle hôtesse. En réalité l'auberge et ses habitants faisaient un peu songer à un rendez-vous de contrebandiers, et la carabine y reposait dans un coin en compagnie de la guitare. Le cavalier que je viens de décrire passa la soirée à la *posada,* et chanta avec entrain quelques-unes de ces hardies romances des montagnards.

Pendant notre souper, deux pauvres Asturiens en détresse se présentèrent à la porte, réclamant un repas et un abri pour la nuit. Poursuivis par des voleurs au retour d'une foire dans la montagne, ils avaient été dépouillés du cheval qui portait leurs marchandises, de leur argent et de presque tous leurs habits, puis battus pour avoir voulu se défendre et laissés à demi nus sur la route. Mon compagnon, entraîné par sa générosité habituelle, leur fit aussitôt donner un souper et un lit, et y ajouta une petite somme d'argent suffisante pour les conduire jusque chez eux.

A mesure que la soirée s'avançait, les

acteurs de ce petit drame devenaient plus nombreux. Un grand et vigoureux gaillard, d'environ soixante ans, entra en flânant pour causer un peu avec notre hôtesse. Il portait le costume andalous ordinaire, mais serrait un énorme sabre sous son bras; ses longues moustaches lui donnaient l'air audacieux d'un matamore : chacun paraissait le regarder avec une extrême déférence.

Notre écuyer Sancho nous dit à l'oreille que c'était don Ventura Rodriguez, le héros et le champion de Loxa, célèbre par ses prouesses et la vigueur de son bras. A l'époque de l'invasion française, il avait surpris six cavaliers endormis; après s'être d'abord assuré de leurs chevaux, il les attaqua le sabre à la main, en tua plusieurs et fit le reste prisonniers. En récompense de cet exploit, le roi lui alloue une *peseta* (environ un franc) par jour et l'a de plus gratifié du titre de *don*.

Son langage et ses gestes exagérés nous amusèrent beaucoup; c'était bien le type de l'Andalous aussi vantard que brave. Jamais ce fameux sabre ne quitte sa main ou son bras; il le porte avec lui comme un enfant sa poupée, l'appelle sa *Santa-Teresa,* et quand il sort la lame du fourreau, nous dit-il, *tiembla la tierra !* « la terre tremble! »

Je veillai jusqu'à une heure très avancée de la nuit, occupé à recueillir les conversations de ce groupe varié de personnages qui causaient avec toute la liberté d'allures d'une posada espagnole. On nous régala de chansons de contrebandiers, d'histoires de voleurs, d'exploits de guérillas et de légendes arabes. Ces dernières nous furent racontées par notre hôtesse, qui nous fit une poétique description des *Infiernos,* ou régions infernales de Loxa, sombres cavernes remplies du fracas de rivières et de cascades souterraines. Les gens du peuple croient que des monnayeurs y sont enfermés depuis l'époque où les rois maures y gardaient leurs trésors.

Si je ne m'étais imposé une tâche différente, je pourrais remplir ce livre du récit des aventures et des scènes variées de notre expédition. En continuant à voyager de la sorte nous finîmes par laisser derrière nous les montagnes et à pénétrer dans cette splendide Vega de Grenade[1]. Là nous prîmes notre dernier repas de midi, à l'ombre d'un bosquet d'oliviers, sur les bords d'un ruisseau; la vieille capitale des rois maures, surmontée des tours vermeilles de l'Alhambra, apparaissait au loin, tandis que, à moitié perdus dans les nuages, les sommets neigeux de la Sierra-Nevada jetaient des reflets d'argent poli. Le ciel était pur et la chaleur tempérée par la brise délicieuse des montagnes.

Après le repas nous fîmes la *siesta*, étendus sur nos manteaux, endormis par le doux bourdonnement des abeilles au milieu des fleurs et le cri mélodieux des pigeons ramiers perchés sur les oliviers voisins. Après avoir ainsi laissé s'écouler les heures les plus chaudes, nous reprenons notre course entre des haies d'aloès et de figuiers d'Inde (*cactus opuntia*), au centre d'un véritable océan de jardins; vers le coucher

---

[1] On appelle *Vegas* les riches et fertiles vallées qui environnent certaines villes.

du soleil nous arrivons aux portes de Grenade.

Aux yeux du voyageur sensible aux beautés de l'histoire et de la poésie, l'Alhambra de Grenade est un objet aussi vénérable que la Kaaba, ou Maison sainte de la Mecque, pour les pieux pèlerins musulmans. Que de légendes et de traditions, vraies ou fabuleuses, que de chants espagnols ou arabes, que d'antiques ballades célébrant les joies de la paix, la guerre, la chevalerie, se rattachent à ce monument célèbre et pittoresque! Le lecteur pourra comprendre les transports de notre joie lorsque, peu de temps après notre arrivée à Grenade, le gouverneur de l'Alhambra nous permit d'habiter ses propres appartements, alors inoccupés, dans la demeure même des rois maures.

Mon compagnon ne tarda pas à être rappelé par les devoirs de sa position. Pour moi je restai plusieurs mois presque muet d'admiration dans ce vieux palais enchanté. Les pages qui suivent sont le résultat de mes rêveries et de mes recherches durant cette période de véritable ensorcellement. Si elles réussissent à faire goûter au lecteur le charme magique de cet endroit, il ne se repentira pas de s'être attardé avec moi au milieu des salles légendaires du palais de l'Alhambra.

CHAPITRE II

GOUVERNEMENT DE L'ALHAMBRA

L'Alhambra est une ancienne forteresse, ou palais fortifié, des rois maures de Grenade; c'est là qu'ils régnèrent sur ce paradis terrestre si vanté, et firent de suprêmes efforts pour sauver leur domination en Espagne. Le palais occupe une partie de la forteresse, dont les murailles, flanquées de tours, enveloppent irrégulièrement toute la crête d'une montagne élevée qui domine la ville et forme comme un éperon de la Sierra-Nevada, ou Montagnes-Neigeuses.

A l'époque des Arabes, la forteresse pouvait contenir dans son enceinte une armée de quarante mille hommes ; de temps à autre les rois maures y trouvaient un abri inviolable contre les entreprises de leurs sujets rebelles. Lorsque ce royaume retomba au pouvoir des chrétiens, l'Alhambra ne cessa pas d'être une résidence royale, que vinrent parfois habiter les monarques castillans. L'empereur Charles-Quint entreprit d'y bâtir un somptueux palais ; mais une série de tremblements de terre finit par le décourager. Philippe V et sa femme, la belle reine Élisabeth de Parme, furent les dernières têtes couronnées qui l'occupèrent, au commencement du xviii° siècle. Cette visite donna lieu à de grands préparatifs : le palais et les jardins furent remis en état, et des artistes amenés d'Italie décorèrent avec la plus grande richesse une suite de magnifiques appartements construits à cette occasion.

Le séjour de ces souverains ne fut pas de longue durée, et, après leur départ, le palais ne tarda pas à retomber dans la tristesse et le délabrement. Néanmoins il a toujours été gardé avec un certain appareil militaire. Le gouverneur tenait ses pouvoirs directement de la couronne, et sa juridiction, indépendante de celle du capitaine général de Castille, s'étendait jusque dans les faubourgs. La garnison était assez considérable ; le gouverneur habitait la façade du vieux palais maure et ne descendait jamais à Grenade qu'accompagné d'une escorte imposante. En réalité, la forteresse formait une sorte de petite ville où l'on trouvait de véritables rues bordées de maisons, un couvent de moines franciscains et une église paroissiale.

L'éloignement de la cour porta un coup fatal à l'Alhambra. Ses magnifiques salles restaient désolées, et quelques-unes tombèrent en ruines ; les jardins retournèrent à l'état sauvage, et les fontaines taries demeuraient silencieuses. Peu à peu les appartements du palais furent envahis par des gens sans aveu, des contrebandiers se prévalant de la juridiction spéciale de l'endroit pour se livrer à une fraude aussi étendue qu'importante, des voleurs et des filous de toute espèce qui en avaient fait un repaire d'où ils s'élançaient au pillage de Grenade et des environs.

Le gouvernement finit par intervenir avec vigueur, et toute cette population interlope fut passée au crible; on toléra seulement ceux qui purent justifier de leur honnêteté et de leur droit à la résidence. La plupart des maisons furent démolies, et il ne subsista plus qu'un petit village avec l'église paroissiale et le couvent des franciscains.

Pendant les dernières guerres d'Espagne, alors que Grenade était aux mains des Français, l'Alhambra fut occupé par leurs troupes et devint de temps à autre la résidence de leurs chefs. Grâce au goût éclairé qui a toujours distingué cette nation au milieu de ses conquêtes, ce monument de l'élégance et de la grandeur arabe fut sauvé de la ruine absolue et de la désolation qui le menaçaient. La toiture fut réparée, les salons et les galeries protégés contre les injures de l'air ; on restaura les jardins, on rétablit les cours d'eau, et les fontaines se reprirent à lancer dans les airs leurs gerbes étincelantes. Les Espagnols peuvent remercier leurs envahisseurs de leur avoir conservé le plus beau et le plus intéressant de leurs monuments historiques.

A leur départ, les Français firent sauter plusieurs tours des murailles, et mirent la citadelle à peu près hors d'état de résister à une attaque; ce qui termina son rôle militaire.

L'Alhambra.

La garnison ne se compose plus que d'une poignée de soldats invalides, dont le principal service se réduit à la garde des tours extérieures, utilisées comme prisons d'État.

Quant au gouverneur, abandonnant les hauteurs de l'Alhambra, il réside maintenant au centre de Grenade, et s'y trouve plus à l'aise pour l'expédition des affaires.

Je ne puis terminer cette brève description de l'état actuel de la forteresse sans rendre hommage au zèle si méritoire du gouverneur don Francisco de Serna, qui, à l'aide de modiques ressources, s'efforce de conserver le palais en bon état ; grâce à ses judicieuses précautions, la ruine en a été arrêtée pour quelque temps. Si ses prédécesseurs avaient aussi fidèlement rempli les obligations de leur charge, l'Alhambra eût conservé sa première élégance. Que le gouvernement ait seulement la bonne pensée d'accorder à don Francisco de Serna une assistance pécuniaire égale à son zèle, et ce merveilleux édifice ne cessera jamais d'être une des gloires de l'Espagne, et d'attirer de tous les points du globe plusieurs générations de voyageurs intelligents, avides d'en contempler les splendeurs.

CHAPITRE III

INTÉRIEUR DE L'ALHAMBRA

L'Alhambra a été si souvent et si minutieusement décrit par les voyageurs, qu'une simple esquisse suffira peut-être à raviver les souvenirs du lecteur. Je raconterai donc brièvement notre première visite, dans la matinée qui suivit notre arrivée à Grenade.

En sortant de notre *posada de la Espada*, nous traversons la célèbre place de la Vivarrambla, autrefois consacrée aux joutes et aux tournois des Arabes, et maintenant envahie par la foule bruyante qui encombre le marché. Nous parcourons ensuite le Zacatin, rue principale du grand bazar à l'époque des Maures; les petites boutiques et les allées étroites y ont conservé le caractère oriental. Après avoir franchi un vaste espace découvert, vis-à-vis le palais du capitaine général, nous gravissons une ruelle obscure et tortueuse, dont le nom nous reporte aux temps chevaleresques de Grenade. C'est la *calle de los Gomeres* (rue des Gomeres), ainsi appelée d'une famille arabe célébrée dans les chroniques et les ballades; elle conduit à une porte massive, de style grec, construite par Charles-Quint, et servant d'entrée au domaine de l'Alhambra.

Près de la porte sommeillaient sur un banc deux vieux soldats invalides et déguenillés, successeurs des Zégris et des Abencerrages, tandis qu'un valet à la longue et maigre échine, dont le manteau couleur de rouille dissimulait mal la tenue délabrée, se chauffait au soleil en causant avec une antique sentinelle de service. Il s'approcha au moment où nous allions franchir l'entrée et offrit de nous montrer la forteresse.

Comme tous les voyageurs, j'ai une répulsion instinctive pour les ciceroni officieux, et le costume du personnage ne me revenait point.

« Vous connaissez bien l'endroit, je pense ?

— *Ninguno mas; pues, Senor, soy hijo de la Alhambra.* Personne ne le connaît mieux, Monsieur, car je suis un enfant de l'Alhambra. »

Les gens du peuple espagnol ont certainement une manière poétique de s'exprimer : « Un enfant de l'Alhambra ! » Le mot me frappa ; les guenilles même de ma nouvelle connaissance en furent rehaussées à mes yeux ; elles étaient comme un emblème des vicissitudes de ce vieux palais, et convenaient à cet enfant des ruines.

Je lui posai d'autres questions, et j'acquis la preuve qu'il était digne de porter ce titre. Il s'appelait Mateo Ximenes, et sa famille habitait la forteresse de génération en génération depuis l'époque de la conquête. « Vous êtes peut-être un descendant du grand cardinal Ximenes ? — *Dios sabe!* Dieu le sait! c'est possible, car nous sommes la plus ancienne famille de l'Alhambra, *cristianos viejos*, de

vieux chrétiens, sans une goutte de sang
juif ou arabe. Je sais que nous descendons
de quelque grande famille dont j'ai oublié le
nom. Mon père connaît tout cela; nos armes
sont suspendues dans notre maisonnette, là-
haut, dans la forteresse. » Il n'y a pas un
Espagnol, quelle que soit sa pauvreté, qui ne
puisse établir ses prétentions à une illustre
origine. Le premier titre de ce personnage en
guenilles m'ayant complètement captivé, j'ac-
ceptai gaiement les services du « fils de
l'Alhambra ».

Nous entrâmes aussitôt dans un étroit et
profond ravin, rempli de superbes massifs.
Au centre, une avenue escarpée, traversée
de sentiers tortueux, était garnie de sièges
en pierre et ornée de fontaines; à gauche,
nous apercevions les tours de l'Alhambra
s'élevant à une grande hauteur; à droite,
sur le versant opposé du ravin, deux autres
tours rivales se dressaient sur un rocher.
C'étaient, nous dit-on, les *torres Vermejas*,
ou tours Vermeilles, ainsi appelées à cause
de leur couleur. L'origine de ces tours est
inconnue ; elles sont plus anciennes que

l'Alhambra. Quelques personnes supposent qu'elles ont été bâties par les Romains; d'autres par une colonie errante de Phéniciens.

Après avoir gravi l'avenue raide et ombreuse, nous arrivons au pied d'une énorme tour mauresque, carrée, formant une sorte de barbacane à travers laquelle on avait pratiqué l'entrée principale de la forteresse. A l'intérieur se trouvait un autre groupe d'invalides; l'un d'eux montait la garde à la porte, tandis que les autres, enveloppés dans leurs manteaux en loques, dormaient sur les bancs de pierre. Cette entrée se nomme le portail de la Justice, parce qu'un tribunal siégeait sous le porche à l'époque de la domination musulmane, et jugeait sans appel les causes peu importantes. C'est là une coutume particulière aux nations orientales, et il y est parfois fait allusion dans l'Écriture sainte.

Le grand vestibule ou porche de l'entrée est surmonté par une immense voûte arabe en forme de fer à cheval, dont la partie supérieure atteint presque la moitié de la hauteur totale de la tour; une main gigantesque est sculptée à la clef de voûte; du côté opposé, et à l'intérieur du vestibule, une énorme clef se détache sur la pierre, au-dessus du portail. Ceux qui ont la prétention de savoir expliquer les symboles mahométans affirment que la main est l'emblème de la doctrine, et la clef celui de la foi ; ce dernier signe, ajoutent-ils, était brodé sur l'étendard des musulmans, en opposition à la croix des chrétiens, lorsqu'ils s'emparèrent de l'Andalousie.

Le fils légitime de l'Alhambra nous donna cependant une explication différente, plus en rapport avec les idées des gens du peuple; car ceux-ci ne voient que mystère et magie dans tout ce qui est arabe, et la vieille forteresse musulmane est restée pour eux la mine inépuisable d'où ils ont tiré les légendes et les superstitions les plus variées.

Selon Mateo, une tradition, transmise par les plus anciens habitants, et qu'il a recueillie lui-même de son père et de son grand-père, rapporte que la main et la clef sont des emblèmes magiques à l'existence desquels est lié le sort de l'Alhambra. Le roi maure constructeur du palais était un

La porte du Jugement.

grand magicien, qui, selon l'opinion assez répandue, avait vendu son âme au diable et livré toute la forteresse à l'influence des enchantements d'une puissance occulte. Cet enchantement, d'après la tradition, doit durer jusqu'au moment où la main sculptée au sommet de la voûte extérieure viendra saisir la clef; à cet instant l'édifice entier s'écroulera, et tous les trésors enterrés par les Maures apparaîtront aux regards.

En dépit de cette effrayante prédiction, nous osâmes pénétrer sous cette voûte enchantée, un peu rassurés contre les maléfices par la protection de la Vierge, dont nous apercevions la statue au-dessus de l'entrée.

Après avoir franchi la barbacane, nous gravissons un étroit sentier bordé de murailles, et nous arrivons dans l'enceinte de la forteresse, à une esplanade nommée plaza de los Algibes, ou place des Citernes, à cause des vastes réservoirs qui s'étendent au-dessous; ils ont été creusés par les Maures dans le roc vif, afin d'assurer la provision d'eau des habitants. On remarque aussi en cet endroit un puits extrêmement profond qui fournit une eau glacée d'une limpidité extraordinaire : véritable monument de ce goût délicat des Arabes, toujours préoccupés de se procurer cet indispensable élément aussi pur que le cristal, même au prix d'infatigables efforts.

En face de cette esplanade s'élève le splendide édifice bâti par Charles-Quint, qui devait éclipser la résidence des rois musulmans; malgré sa beauté et son mérite architectural, il a l'air arrogant d'un intrus. Après l'avoir dépassé, nous arrivons à une porte très simple, qui conduit à l'intérieur du palais mauresque.

La transition fut d'un effet magique, et nous pouvions nous croire transportés à une autre époque, dans un autre royaume, et mêlés à quelque scène de l'histoire des Arabes. Nous étions dans une grande cour pavée de marbre blanc et décorée à chaque extrémité de légers péristyles mauresques: on la nomme la cour de l'Alberca. Au centre se trouve un immense bassin, véritable étang, de quarante mètres de long sur dix de large, rempli de poissons dorés et entouré d'une haie de rosiers. Dans la partie haute de cette cour s'élève la grande tour de Comares.

De l'extrémité inférieure nous passons sous

une voûte mauresque dans la fameuse cour des Lions. Aucun autre endroit du palais ne donne une idée plus exacte de son ancienne magnificence et de sa beauté; car il est le seul qui ait peu souffert des ravages du temps. Au centre est la fontaine célèbre qui revit dans les ballades et dans l'histoire. Les vasques d'albâtre versent encore la même pluie de diamants, et les douze lions qui les supportent n'ont pas cessé, comme aux jours de Boabdil, de vomir des torrents d'une eau pure comme le cristal. La cour est divisée en parterres de fleurs et entourée de légères arcades, fermées d'un élégant treillis de filigrane et soutenues par de minces colonnettes en marbre blanc. Comme dans toutes les autres parties de l'édifice, l'architecture, plus élégante que grandiose, caractérise bien les goûts efféminés d'une nation livrée à la jouissance indolente des plaisirs délicats et recherchés. Lorsque l'on considère les sculptures féeriques des péristyles, et les ciselures en apparence si fragiles qui ornent les murailles, on a peine à comprendre comment la majeure partie a pu résister aux outrages des siècles, aux secousses des tremblements de terre[1], aux violences des guerres et aux

La cour de l'Alberca.

ravages silencieux, mais non moins impitoyables, des touristes collectionneurs.

[1] En ce moment même, de violents tremblements de terre désolent encore le midi de l'Espagne et la province de Gre-

Cette préservation est si remarquable, qu'on serait presque tenté d'ajouter foi à la tradition populaire qui l'attribue à un pouvoir magique.

Sur un des côtés de la cour, une porte, couverte de riches ornements, conduit à une salle élevée, pavée de marbre blanc : c'est celle des Deux-Sœurs. Une coupole ou lanterne laisse librement passer l'air et filtrer une lumière adoucie. La partie inférieure des murs est incrustée de magnifiques carreaux de faïence mauresque, où sont peints les écussons des monarques arabes. La partie supérieure est revêtue d'un superbe travail en stuc, inventé à Damas : ce sont de larges plaques coulées au moule, puis jointes avec tant d'art, que les reliefs délicats et les arabesques fantastiques, enlacés aux textes du Coran et aux inscriptions poétiques en caractères arabes et cufiques, semblent être l'ouvrage d'un habile et patient sculpteur.

nade en particulier, où plus de 3000 maisons se sont écroulées. Jusqu'à ce jour le vieux palais de l'Alhambra a été préservé ; mais un grand nombre de monuments ont beaucoup souffert : une église a été engloutie jusqu'à la flèche.

(*Note du traducteur.*)

Ces décorations des murs et de la coupole sont richement dorées et relevées de lapis-lazuli et d'autres couleurs non moins brillantes que solides. A droite et à gauche de la salle on a ménagé des niches autrefois garnies de sophas et de divans; au-dessus de la porte se voit une tribune qui communiquait avec l'appartement des femmes. Il est encore fermé de jalousies en treillis, à travers lesquels les belles captives du harem pouvaient assister, invisibles, aux fêtes données à leurs pieds dans la salle.

Il est impossible de contempler cet endroit favori des princes orientaux sans se reporter par la pensée au milieu des scènes tant de fois célébrées par les antiques romances arabes. On s'attend presque à voir le bras blanc de quelque mystérieuse princesse s'agiter du haut de la tribune, ou des yeux noirs et curieux briller à travers le treillis. C'est dans ce séjour, qui semble abandonné d'hier, que tant de sultanes célèbres par leur beauté ont laissé s'écouler leur vie indolente; mais où sont maintenant les Zorayda et les Lindaraxa?

Du côté opposé à la cour des Lions se trouve la salle des Abencerrages, dont le nom rappelle les vaillants chevaliers de cette illustre famille qu'on massacra avec la plus noire perfidie. Cette histoire est mise en doute par bien des gens; mais notre humble guide Mateo nous désigna jusqu'à l'étroite poterne par laquelle ils furent, paraît-il, introduits un par un, et aussi la fontaine de marbre blanc, au milieu de la salle, où leurs têtes roulèrent sur les dalles, encore tachées de larges plaques rougeâtres que la croyance populaire s'imagine être la trace ineffaçable de leur sang.

Comme nous semblions écouter ce récit avec une foi crédule, il ajouta qu'on entendait souvent, la nuit, dans la cour des Lions un bruit sourd et confus, pareil au murmure de la foule, et, de temps à autre, un léger et lointain cliquetis de chaînes. Ces rumeurs étranges sont probablement dues au bruissement des eaux entraînées par des conduits souterrains placés sous les dalles jusqu'aux fontaines qu'elles alimentent. Mais, selon la légende du fils de l'Alhambra, on

Salle des Deux-Sœurs.

doit les attribuer aux esprits des Abencerrages, qui hantent pendant la nuit l'endroit où ils ont souffert, et invoquent la vengeance du ciel sur leurs meurtriers.

De la cour des Lions nous revenons sur nos pas à travers celle de l'Alberca, ou du grand étang, et nous arrivons à la tour de Comares, qui porte le nom de son architecte arabe; d'une énorme épaisseur et fort élevée, elle domine le reste de l'édifice, et se dresse au bord de la pente escarpée de la montagne, qui s'abaisse brusquement jusqu'aux rives du Darro.

Une porte, surmontée d'une voûte mauresque, nous fit pénétrer dans une vaste pièce occupant tout l'intérieur de la tour: c'est la salle des Ambassadeurs, où les monarques musulmans tenaient aussi leurs grandes audiences. Elle garde encore des traces de son ancienne magnificence; les murs, revêtus de stuc, sont décorés d'arabesques; la voûte, en bois de cèdre, est si élevée, qu'elle se perd dans l'obscurité et laisse à peine entrevoir l'éclat des dorures et les brillantes couleurs dues au pinceau arabe. Trois côtés de cette salle sont éclairés par des fenêtres ménagées à travers l'immense épaisseur des murailles; les balcons dominent la vallée verdoyante du Darro, les rues et les couvents de l'Albaycin, et permettent d'entrevoir au loin l'immensité de la Vega.

Je pourrais continuer à l'infini la description des autres pièces mon moins remarquables de ce côté du palais : le *tocador* ou cabinet de toilette de la reine, sorte de belvédère, au sommet d'une tour, où les sultanes venaient respirer la brise si pure des montagnes et jouir de la vue du paradis terrestre qui les entourait; le petit *patio* retiré ou jardin de Lindaraxa, avec sa fontaine d'albâtre et ses épais massifs de roses, de myrtes, d'orangers et de citronniers; les salles et les grottes réservées aux bains, où une mystérieuse lumière et une fraîcheur délicieuse tempéraient l'éclat et la chaleur du jour. Mais je dois renoncer à peindre tous ces endroits ravissants. Mon but est seulement d'introduire le lecteur dans ce palais, où il pourra, suivant ses goûts, errer et s'attarder avec moi, jusqu'à ce qu'il se soit peu à peu familiarisé avec toutes les merveilles qu'il renferme dans son enceinte.

L'eau, amenée des montagnes par d'anciens aqueducs mauresques, circule libéralement à travers le palais, alimente les bains et les étangs, jaillit dans les bassins au milieu des salles, ou fuit dans les canaux dissimulés sous les dalles de marbre. Après avoir payé ce tribut à l'Alhambra et arrosé ses jardins et ses parterres, cette eau précieuse descend la longue avenue qui conduit à la ville, toujours murmurant en frais ruisseaux ou jaillissant en fontaines, et entretient la verdure perpétuelle de ces bosquets délicieux qui ombragent et embellissent toute la montagne de l'Alhambra.

Ceux qui ont habité les climats brûlants du Sud sauront apprécier les charmes d'une demeure qui réunit au bienfait de la brise vivifiante des montagnes les agréments de la verdure et de la fraîcheur des vallées. Tandis que la ville basse est baignée dans une chaleur étouffante, et que la Vega desséchée miroite dans le lointain sous les feux d'un soleil implacable, un souffle délicieux, venu de la Sierra-Nevada, se joue à travers les salles élevées, entraînant avec lui les parfums des jardins d'alentour. Tout invite à ce repos indolent et voluptueux, délices des pays chauds; pendant que les yeux à demi clos jettent un regard distrait, à l'abri des balcons, sur le paysage embrasé, l'oreille est charmée par le doux frémissement des feuilles agitées par la brise et par le murmure harmonieux des eaux courantes.

CHAPITRE IV

LA TOUR DE COMARES

Le lecteur à qui je viens de présenter cette légère esquisse de l'intérieur de l'Alhambra ne sera peut-être pas fâché d'avoir une idée générale de ses environs. La matinée est délicieuse, le soleil n'a pas encore pris assez de force pour dissiper la fraîcheur laissée par la nuit; nous ferons donc l'ascension de la tour de Comares, afin d'admirer le panorama de Grenade et le pays qui l'entoure.

Allons, ami lecteur, accompagnez-moi dans ce vestibule richement décoré qui précède la salle des Ambassadeurs. Nous n'y entrerons point cependant, mais, tournant à gauche, ouvrons cette petite porte ménagée dans l'épaisseur de la muraille. Prenez garde, l'escalier tournant est raide et mal éclairé; néanmoins les fiers monarques de Grenade et leurs reines l'ont plus d'une fois gravi pour monter aux créneaux de la tour, observer les mouvements des armées chrétiennes ou assister aux batailles livrées dans la Vega. Enfin nous voici sur la terrasse, et nous pouvons reprendre haleine en contemplant le splendide panorama de Grenade et de ce merveilleux pays : montagnes rocheuses, vallées verdoyantes et plaines fertiles, cathédrale, dômes mauresques, tours gothiques, ruines croulantes, massifs embaumés, tout sollicite à la fois notre admiration.

Approchons des créneaux et jetons les yeux à nos pieds. Voyez : de ce côté, tout l'ensemble de l'Alhambra se déroule à nos regards, et nous pouvons en distinguer les cours et les jardins. Au bas de la tour, voici la cour de l'Alberca avec son grand étang entouré de fleurs. Plus loin, la cour des

Lions, ses célèbres fontaines et ses arcades mauresques d'une admirable légèreté. Le petit jardin de Lindaraxa, resplendissant de roses, de citronniers et de massifs verdoyants, brille comme une pierre précieuse enchâssée au milieu des constructions du palais.

Cette ceinture de créneaux, flanquée de tours carrées, qui entoure irrégulièrement tout le sommet de la montagne, constitue l'enceinte extérieure de la forteresse. Ainsi que vous pouvez vous en assurer, plusieurs des tours tombent en ruines, et leurs énormes débris sont ensevelis sous les vignes, les figuiers et les aloès.

Regardons maintenant au nord de la tour. La hauteur est vertigineuse, et les fondations mêmes s'élèvent au-dessus des bosquets qui garnissent la base de la montagne. Remarquez cette longue fissure des murailles épaisses; elle indique que la tour a été ébranlée par un de ces tremblements de terre qui ont semé l'épouvante dans Grenade, et réussiront tôt ou tard à joncher le sol des débris de cette massive construction, déjà penchée vers sa ruine.

Ce vallon étroit, qui va s'élargissant à mesure qu'il s'éloigne des montagnes, est la vallée du Darro ; vous pouvez apercevoir cette petite rivière, dont les flots paisibles viennent baigner le pied des terrasses ombragées, avant de disparaître entre les vergers et les jardins remplis de fleurs. Autrefois célèbre à cause de l'or qu'on en retirait, ce modeste cours d'eau voit de temps à autre son lit sablonneux passé au crible par les chercheurs avides du précieux métal. Ces pavillons d'une blancheur éclatante, que l'on découvre parmi les bosquets et les vignes, servaient autrefois de retraites champêtres aux Arabes, qui avaient coutume d'y venir respirer l'air plus pur des jardins embaumés.

Ce palais aérien, avec ses hautes tours blanches et ses longues séries d'arcades, qui étreint la montagne, au milieu des massifs verdoyants et des jardins suspendus, est le Generalife, palais d'été des rois maures, où pendant les mois les plus chauds ils venaient chercher une atmosphère moins accablante qu'à l'Alhambra. Le sommet dénudé de la hauteur qui le domine, là où apparaissent des ruines informes, s'appelle la *Silla del Moro*, le Siège du Maure; ce fut en cet endroit que se réfugia l'infortuné Boabdil pendant une insurrection; assis sur ce plateau élevé et solitaire, il contemplait avec tristesse la cité rebelle.

De temps à autre, le sourd murmure de l'eau monte du fond de la vallée; il est produit par l'aqueduc de ce moulin arabe situé presque au pied de la montagne. L'avenue d'arbres longeant les rives du Darro est l'Alameda, rendez-vous favori des promeneurs pendant les soirées d'été; de chaque banc s'élève alors un concert de voix et de guitares qui se prolonge jusqu'à une heure avancée de la nuit. On n'y aperçoit en ce moment que des moines marchant avec gravité, et un groupe de porteurs d'eau revenant de la fontaine d'Avellanos.

Vous tressaillez, cher lecteur : mais ne craignez rien, c'est seulement un faucon que le bruit de nos voix a effrayé et chassé de son nid. Cette vieille tour est le refuge et l'abri des oiseaux errants; l'hirondelle et le martinet pullulent dans les moindres trous et les fissures, et, tout le long du jour, décrivent de grands cercles autour de son sommet; tandis qu'au milieu des ténèbres de la nuit, alors que les autres oiseaux reposent, le hibou, gémissant, sort de son repaire, et, perché au milieu des créneaux, jette un cri de mauvais augure. Voyez comme le faucon que nous avons dérangé parcourt la vallée d'un vol rapide, en rasant le sommet des arbres, et s'avance à tire-d'aile vers les ruines du Generalife.

Abandonnons maintenant ce côté de la tour et tournons nos regards vers l'ouest. A l'horizon, vous pouvez apercevoir la chaîne de montagnes qui borne la Vega et séparait autrefois le royaume musulman de Grenade d'avec la terre chrétienne. Au milieu de ces hauteurs, il est encore facile de distinguer les places de guerre, dont les murs grisâtres et les fortificatiens semblent faire corps avec les rochers sur lesquels ils sont assis; çà et là une *atalaya* solitaire, ou tour de garde, se dresse sur quelque pointe aiguë, et semble observer du haut des nuages les vallées qui l'entourent.

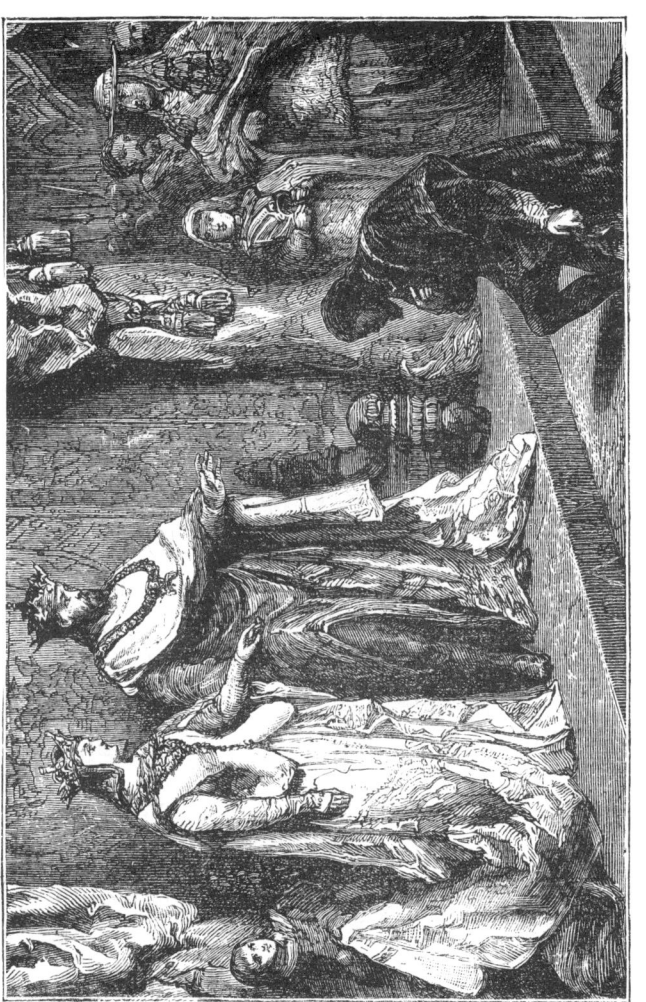

Christophe Colomb reçu par Isabelle et Ferdinand au camp de Santa-Fé.

Voici les défilés et la passe de Lope, par où les armées chrétiennes pénétrèrent dans la Vega. C'est au pied de ce rocher gris et dénudé que les escadrons envahisseurs apparurent tout à coup, bannières déployées, au son du tambour et des trompettes. Ah! que la scène est changée! Au lieu de cette ligne interminable de guerriers, dont les armures étincelaient au soleil, on n'aperçoit plus, à cette heure, qu'une longue file de mules qui contournent péniblement la base de la montagne.

Derrière ce promontoire est le fameux pont de Pinos, renommé pour les sanglants combats que s'y livrèrent les Maures et les chrétiens. Plus célèbre encore est l'endroit où Christophe Colomb fut atteint et ramené par le messager de la reine Isabelle, au moment où il s'en allait, le désespoir dans l'âme, porter à la cour de France ses projets de découvertes.

Voici encore un autre endroit non moins fameux dans l'histoire de ce hardi navigateur. Apercevez-vous cette ligne de murailles et de tours éclairées par le soleil du matin?

C'est la ville de Santa-Fé, bâtie au centre même de la Vega par les rois catholiques, pendant le siège de Grenade, et après qu'un incendie eut détruit leur camp. Les murs de cette cité furent témoins du retour de Colomb, rappelé par cette reine héroïque, et derrière ces remparts fut conclu le traité qui eut pour résultat la découverte du nouveau monde.

Ici, vers le sud, les yeux s'arrêtent avec plaisir sur la végétation luxuriante de la Vega, véritable océan de verdure, de jardins embaumés et de riches vergers, traversés par le cours sinueux du Xenil, dont les flots argentés s'épanchent en mille ruisseaux, et, recueillis par un ancien aqueduc mauresque, vont entretenir l'éternelle fraîcheur de ce paradis terrestre. Là sont les bosquets et les retraites champêtres si chers aux Arabes, qui les défendirent avec un courage désespéré. Les fermes et les plus humbles demeures des paysans ont conservé la trace des arabesques et des ornements délicats, derniers vestiges de leur ancienne élégance, à l'époque de la domination musulmane.

Au delà de cette région verdoyante de la Vega, vous apercevez une chaîne de montagnes arides, qu'une longue file de mules descend péniblement. Du haut de ces collines, l'infortuné Boabdil jeta un dernier regard sur Grenade, et laissa voir toute l'amertume de son âme. C'est l'endroit célébré dans l'histoire et les antiques ballades comme « le Dernier soupir du Maure ».

Levez maintenant les yeux vers le sommet neigeux de ces montagnes, aussi blanches qu'un nuage d'été sur un ciel d'azur. Voici la Sierra-Nevada, l'orgueil et la joie de Grenade, la source de ses brises délicieuses et de son éternelle verdure, de ses fontaines jaillissantes et de ses intarissables rivières.

C'est à cette magnifique chaîne de montagnes que Grenade doit la réunion de ces charmes, si rare dans une cité méridionale : la vigueur de sa végétation, jointe à l'air tempéré des climats du Nord, l'ardeur vivifiante d'un soleil tropical et le ciel bleu et pur des pays chauds. La neige que renferme ce trésor aérien, fondue peu à peu par les rayons plus ardents du soleil de l'été, se transforme en une infinité de ruisseaux qui s'écoulent dans les ravins et les gorges des Alpuxarras, et répandent la fertilité et la fraîcheur dans toutes ces vallées charmantes et solitaires.

Ces montagnes sont justement appelées la gloire de Grenade. Elles dominent toute l'Andalousie et restent visibles des points les plus éloignés. Le muletier, accablé par la chaleur au milieu de la plaine, salue avec joie leurs sommets glacés; et le marin espagnol, sur le pont de son navire, qui l'entraîne au loin sur les flots bleus de la Méditerranée, les contemple avec tristesse en songeant à la délicieuse Grenade, et murmure à demi-voix quelque vieille romance arabe.

Mais il suffit; le soleil, déjà haut sur les montagnes, laisse tomber ses rayons ardents sur nos têtes. La plate-forme de la tour s'achauffe sous nos pieds; éloignons-nous et descendons chercher la fraîcheur sous les arcades, à côté de la fontaine des Lions.

CHAPITRE V

RÉFLEXIONS SUR LA DOMINATION MUSULMANE
EN ESPAGNE

Ma retraite favorite est le balcon central de la salle des Ambassadeurs, dans la haute tour de Comares. Je viens de m'y asseoir pour jouir des derniers instants d'une longue et brillante journée. Le soleil, en se couchant derrière les montagnes empourprées de l'Alhama, projette une traînée lumineuse le long de la vallée du Darro; et donne aux tours Vermeilles de l'Alhambra un aspect grandiose et mélancolique; tandis que la Vega, couverte d'une légère vapeur éclairée des rayons du soleil couchant, s'étend au loin comme un océan d'or liquide. Pas un souffle d'air ne venait troubler le calme de cette heure fugitive, et les sons lointains de la musique et des chants, s'élevant de temps à autre des jardins du Darro, ne faisaient que rendre plus imposant le silence solennel du vaste édifice qui me recouvrait de son ombre. C'était un de ces rapides instants où la mémoire, surexcitée à la vue d'un si merveilleux spectacle, paraît douée d'un pouvoir presque magique; semblable au soleil, dont les derniers feux embrasent et raniment ces tours délabrées, sa puissance créatrice vient redonner un souffle de vie aux scènes glorieuses du passé.

Tandis que j'observais le vieux palais mauresque rentrer ainsi peu à peu dans l'ombre, je fus insensiblement conduit à constater le caractère léger, élégant, voluptueux, qui caractérise son architecture intérieure et contraste avec la solennité grandiose des sombres édifices gothiques élevés par les conquérants espagnols. La différence des styles indique nettement l'irréconciliable opposition du génie de ces deux peuples guerriers, qui luttèrent ici avec un si constant

Mosquée de Cordoue : vue intérieure.

acharnement pour conserver la domination en Espagne.

Par degrés je tombai dans une sorte de

rêverie sur la fortune singulière des Arabes ou Morisco-Espagnols, dont l'existence a l'air d'un conte, mais constitue néanmoins un des épisodes les plus étranges et les plus glorieux de l'histoire. Leur puissance fut grande et durable; mais comment appeler cette nation sans lieu d'origine et sans nom? Jetés sur les rivages de l'Europe par le flot de la grande inondation arabe, ils semblent en avoir conservé l'élan et l'impétuosité première. Car la suite de leurs conquêtes, depuis le rocher de Gibraltar jusqu'à la chaîne des Pyrénées, fut non moins rapide et brillante que les victoires des armées musulmanes en Syrie et en Égypte. Bien plus, s'ils n'avaient point été repoussés dans les plaines de Tours, la France, l'Europe auraient pu être envahies avec la même facilité que l'Orient, et le croissant brillerait peut-être, à cette heure, au sommet des monuments de Paris et de Londres.

Refoulés derrière les Pyrénées, les hordes mélangées d'Asiatiques et d'Africains qui constituaient cette formidable invasion renoncèrent au principe musulman de la conquête, et s'efforcèrent d'établir en Espagne un gouvernement pacifique et durable. La bravoure héroïque de ces conquérants ne fut pas moindre que leur modération, et les rendit même pendant quelque temps supérieurs aux peuples qu'ils avaient soumis.

Enlevés à leur propre pays, ils s'attachèrent à ce beau royaume qu'ils croyaient tenir des mains d'Allah, et s'empressèrent de l'embellir par tous les moyens qui peuvent contribuer au bonheur de l'homme. Désireux d'asseoir solidement les bases de leur puissance sur un système de lois sages et équitables, ils prirent soin de cultiver les arts et les sciences, d'encourager l'agriculture, les différentes manufactures, le commerce, et fondèrent peu à peu un empire dont la prospérité fut sans rivale en Europe. De plus, ils s'entourèrent de toutes les élégances raffinées qui distinguaient les Arabes, alors au plus haut degré de civilisation, et répandirent à flots la lumière des sciences de l'Orient dans les régions occidentales de cette Europe alors plongée dans les ténèbres [1].

[1] Il convient de faire ici une large part à l'enthousiasme

Les cités de l'Espagne arabe devinrent le rendez-vous des artisans chrétiens, qui accouraient s'y perfectionner dans les arts manuels. Les universités de Tolède, de Cordoue, de Séville et de Grenade étaient recherchées par les étudiants des autres pays, avides d'y pouvoir pénétrer les mystères de la science des Arabes et d'y recueillir les trésors de l'antiquité; quant aux amateurs de la gaie science, ils allaient à Cordoue et à Grenade s'initier aux beautés de la poésie et de la musique orientales. Les guerriers bardés de fer des contrées du Nord venaient aussi en foule y chercher les maîtres célèbres qui enseignaient les gracieux exercices et les usages courtois de la chevalerie.

Si les édifices mauresques de l'Espagne, si la mosquée de Cordoue, si l'Alcazar de

---

de W. Irving, transporté d'admiration à la vue des merveilles de l'Alhambra. Cette race arabe, polie, élégante, brave, chevaleresque même, mais profondément corrompue, l'a séduit par ses qualités brillantes. Malgré sa durée de plusieurs siècles, jamais l'empire musulman n'a pu jeter de profondes racines dans le sol chrétien de l'Espagne; et, après des luttes sanglantes et sans cesse renouvelées, le croissant a dû fuir devant la croix. (*Note du traducteur.*)

Séville, si l'Alhambra de Grenade portent encore des inscriptions qui rappellent avec amour la puissance et la durée de la domination des Arabes, est-il permis de les accuser d'arrogance et de vanité? Les générations et les siècles ont passé, et ils sont restés maîtres du sol. Après avoir occupé le pays durant une période qui embrasse plus d'années qu'il ne s'en est écoulé depuis l'invasion de l'Angleterre par Guillaume le Conquérant, ces fils de Musa et de Taric ne prévoyaient pas plus le jour où ils auraient à reprendre en déroute le chemin autrefois triomphalement suivi par leurs ancêtres, que les descendants de Rollon et de Guillaume ne s'attendent aujourd'hui à être refoulés sur les rivages de la Normandie.

Malgré tout, cet empire musulman d'Espagne n'était qu'une brillante plante exotique, incapable de jeter de profondes racines dans le sol qu'elle embellissait de sa présence. Séparés de leurs voisins de l'Occident par l'insurmontable barrière de la foi et des mœurs, tandis que la mer et les déserts les privaient de toute communication avec leurs compatriotes d'Orient, les Arabes étaient un peuple isolé. Leur existence entière ne fut qu'une lutte prolongée, bien que courageuse et chevaleresque, pour prendre pied sur une terre usurpée.

Ils furent à la fois l'avant-garde et les frontières de l'islamisme. La Péninsule devint le grand champ de bataille où les conquérants gothiques du Nord et les envahisseurs musulmans se heurtèrent et combattirent pour le pouvoir; et la bouillante ardeur de l'Arabe fut, à la fin, réduite à plier devant le courage persévérant et obstiné du Goth.

Jamais peuple ne fut plus complètement détruit que les Morisco-Espagnols. Que sontils devenus? Demandez-le aux rivages de la Barbarie et aux sables du désert. Les débris exilés de cet empire autrefois si puissant disparurent au milieu des peuplades sauvages de l'Afrique, et cessèrent de constituer une nation. Et ceux qui pendant huit siècles occupèrent un rang distinct parmi les peuples, n'ont pas même laissé un nom derrière eux. La patrie adoptive qu'ils habitèrent durant plusieurs siècles refuse de les reconnaître et les traite d'envahisseurs et d'usurpateurs. Quelques édifices en ruines, pareils à ces rocs solitaires restés debout bien loin dans l'intérieur d'un pays pour attester l'étendue des ravages d'une inondation, voilà les seuls témoins de leur domination puissante. Tel est l'Alhambra, monument arabe sur une terre chrétienne, palais oriental au milieu des édifices gothiques de l'Occident, gracieux souvenir d'un peuple poli, intelligent et brave, qui a conquis, gouverné et disparu.

CHAPITRE VI

INSTALLATION A L'ALHAMBRA

Il est temps de faire connaître au lecteur mon installation dans cette singulière résidence. Le palais royal de l'Alhambra est confié aux soins d'une excellente vieille fille, appelée dona Antonia Molina; mais, selon la coutume espagnole, on lui donne le surnom amical de Tia Antonia (tante Antonia). Elle maintient l'ordre dans les salles mauresques et les jardins, qu'elle montre aux étrangers; ce qui lui donne droit à la rémunération des visiteurs et au produit des jardins, sauf un léger tribut de fleurs et de fruits qu'elle envoie de temps à autre au gouverneur. Elle habite un coin du palais ; sa famille se compose d'un neveu et d'une nièce, enfants de deux de ses frères. Le neveu, Manuel Molina, est un jeune homme d'un mérite solide et d'une gravité tout espagnole. Il a servi en Espagne et aux Antilles ; maintenant il étudie la médecine, avec l'espoir de recevoir un jour le titre de médecin de la forteresse, ce qui lui assurerait un revenu d'au moins sept cents francs. Quant à la nièce, c'est une petite Andalouse, appelée Dolores ; la vivacité de son regard et son caractère gai lui mériteraient un nom moins triste. C'est l'héritière déclarée de tous les biens de sa tante, représentés par quelques logements en ruines dans la forteresse, qui lui rapportent environ sept cent cinquante francs.

J'ai conclu un traité avec la bonne Antonia, qui me fournit le vivre et le couvert, tandis que la joyeuse Dolores veille à la propreté de mon logis et me sert mes repas. J'ai aussi à mes ordres un grand garçon, bègue, à cheveux jaunes, qui travaille dans le jardin et aurait bien voulu devenir mon valet de chambre ; mais en cela il a été prévenu par Mateo

Ximenes, le « fils de l'Alhambra ». Ce personnage alerte et officieux a trouvé moyen, je ne sais comment, de s'attacher à mes pas depuis l'instant où je l'ai aperçu à l'entrée de la forteresse, de s'insinuer dans tous mes plans, jusqu'à ce qu'il ait réussi à se nommer et à s'installer lui-même mon valet, mon guide, mon cicerone, mon gardien et mon historiographe. J'ai donc été obligé d'améliorer sa garde-robe, afin qu'il ne déshonore pas ses fonctions variées; de telle sorte qu'il a rejeté sa vieille cape brune, comme un serpent se dépouille de sa peau, et qu'il parcourt maintenant la forteresse avec un élégant chapeau rond et la veste andalouse, à son indicible satisfaction, et surtout à la stupéfaction de ses camarades.

Le grand défaut de l'honnête Mateo est un excès de zèle. Sentant bien qu'il s'est glissé à mon service, véritable sinécure en raison de mes habitudes simples et tranquilles, il ne sait qu'inventer pour se rendre indispensable à mon bien-être. Je suis donc en quelque sorte la victime de son zèle officieux. Impossible de mettre le pied hors du

palais, ou de flâner dans la forteresse, sans
le sentir derrière mon dos, brûlant de me
prodiguer ses explications et ses renseignements ; s'il me vient fantaisie d'errer parmi
les montagnes environnantes, il veut à toute
force se constituer mon gardien, bien que je
le soupçonne fort, en cas d'attaque, d'être
plus disposé à se confier à la longueur de ses
jambes qu'à la vigueur de ses bras.

Malgré tout, ce pauvre diable est un amusant compagnon ; très naïf, toujours de bonne
humeur, aussi bavard qu'un barbier de village, il est au courant de tous les cancans
de Grenade et des environs. Mais sa connaissance des traditions locales est ce qui le rend
justement fier; il n'existe pas une tour, une
porte ou même une voûte dans toute la forteresse qui ne lui rappelle de merveilleuses
histoires, dont l'authenticité ne fait pas le
moindre doute pour sa foi robuste.

La plupart de ces récits, me dit-il, lui
furent transmis par son grand-père, petit
tailleur légendaire, qui vécut environ cent
ans, durant lesquels il ne franchit que deux
fois l'enceinte de la forteresse. Or, pendant

près d'un siècle, son échoppe avait été le rendez-vous d'un groupe de vénérables bavards, qui passaient la moitié de la nuit à causer de l'ancien temps, des événements merveilleux et des trésors cachés de l'Alhambra. Toutes les pensées, tous les faits et gestes de la vie entière de ce tailleur historique s'étaient concentrés entre les murs du palais ; c'est là qu'il était né, qu'il avait vécu et qu'il repose en paix après y avoir rendu le dernier soupir. Heureusement pour la postérité, sa science remarquable des traditions n'a point péri avec lui. Le très véridique Mateo, encore enfant, avait l'habitude d'écouter attentivement les récits de son aïeul et les divagations des vieux compères rassemblés autour de son établi. Il recueillit ainsi sur l'Alhambra une mine inépuisable de précieux renseignements, inconnus à tous les auteurs, et bien dignes de l'attention des voyageurs éclairés et curieux.

Tels sont les personnages chargés de veiller sur mon bonheur domestique ; et je me demande si les potentats chrétiens ou arabes qui m'ont précédé dans ce palais furent servis avec autant de fidélité ou exercèrent un pouvoir plus tranquille.

Lorsque je me lève le matin, Pepe, le jardinier bègue, vient m'offrir un tribut de fleurs fraîchement cueillies, que les mains adroites de Dolores disposent élégamment dans des vases ; car elle met tout son amour-propre féminin à décorer ma chambre avec goût. Mes repas sont servis selon ma fantaisie, tantôt dans une des salles mauresques, parfois sous les arcades de la cour des Lions, au milieu des fleurs et des fontaines jaillissantes. Si je veux sortir, l'inévitable et assidu Mateo me conduit aux endroits les plus romantiques de la montagne, ou m'indique les retraites délicieuses des vallées voisines, sans jamais oublier les récits merveilleux qui s'y rapportent.

Bien que j'aime à rester seul la plus grande partie du jour, néanmoins je vais de temps à autre passer la soirée au milieu du petit cercle domestique de dona Antonia. La famille se tient ordinairement dans une vieille chambre mauresque qui sert à la fois de cuisine et de salon ; la fumée d'une cheminée grossièrement établie dans un angle a noirci les murs et presque effacé les anciennes arabesques.

Une fenêtre, garnie d'un balcon qui domine la vallée du Darro, laisse pénétrer l'air frais du soir; c'est là que je prends mon souper frugal de laitage et de fruits, tout en me mêlant à la conversation de la famille. Les Espagnols ont une sorte d'esprit naturel qui en fait d'intelligents et agréables compagnons, quel que soit leur rang ou l'imperfection de leur éducation première; en outre, jamais ils ne sont vulgaires, la nature leur ayant donné une dignité remarquable. La bonne Tia Antonia, bien qu'illettrée, est intelligente et douée de qualités solides ; quant à Dolores, au regard si expressif, elle n'a certainement pas lu plus de trois volumes dans sa vie; mais elle joint le bon sens à une grande simplicité, et m'étonne souvent par ses saillies aussi piquantes que naïves.

Parfois le neveu nous récrée par la lecture de quelques vieilles comédies de Calderon ou de Lope de Vega, avec l'intention évidente d'instruire autant que d'amuser sa cousine

Dolores ; mais, à sa grande mortification, la jeune fille s'endort presque toujours avant la fin du premier acte.

A certains jours Tia Antonia reçoit quelques humbles amis, habitants du hameau voisin, ou les femmes des soldats invalides. Ces braves gens ont la plus grande déférence pour la gardienne du palais, et lui font leur cour en racontant les petites aventures locales, ou les nouvelles moins fraîches arrivées de Grenade.

C'est en écoutant ces causeries du soir que j'ai recueilli plusieurs faits curieux qui expliquent les mœurs populaires, et permettent de comprendre les usages particuliers de ce pays.

Il fallait décrire avec simplicité ces plaisirs innocents, dont tout l'intérêt et l'importance ne sont dus qu'à l'endroit charmant qui en fut le théâtre ; car je foule une terre enchantée, et mille souvenirs poétiques se présentent à ma mémoire. Depuis ma première jeunesse, alors que, sur les rives de l'Hudson, je dévorais les pages d'une vieille histoire espagnole des guerres de Grenade, cette ville n'a pas cessé d'être l'objet de mes rêveries, pendant lesquelles je m'imaginais parcourir les salles merveilleuses de l'Alhambra. Ce rêve est donc enfin réalisé! J'ai peine à en croire le témoignage de mes yeux, et pourtant j'habite le palais de Boabdil, et du haut de ses balcons je contemple la chevaleresque Grenade.

Tandis que j'erre au milieu de ces appartements orientaux, que j'écoute le murmure des fontaines et le chant du rossignol, que je respire le parfum des roses, en m'abandonnant aux charmes de ce climat délicieux, je me crois transporté au milieu du paradis de Mahomet, et la charmante Dolores me semble une de ces houris aux yeux noirs, destinées à faire le bonheur des vrais croyants.

CHAPITRE VII

LE VAGABOND

Depuis que j'ai terminé le chapitre qu'on vient de lire, il s'est passé à l'Alhambra un fâcheux événement qui a jeté un voile de tristesse sur la joyeuse figure de Dolores. Cette jeune personne a une passion toute féminine pour les animaux, et cette tendresse de son cœur est si exubérante, qu'une des cours en ruines de l'Alhambra est remplie de ses favoris. Un paon majestueux, toujours suivi de sa compagne, règne en despote sur de vaniteux dindons, des pintades loquaces, et sur la troupe vulgaire des coqs et des poules. Depuis quelque temps Dolores avait donné toute son affection à un jeune couple de pigeons, qui avaient même remplacé dans son cœur une belle chatte brune et ses petits.

Elle avait disposé le logement de ce ménage ailé dans une chambrette proche de la cuisine, dont la fenêtre s'ouvrait sur une vieille cour mauresque abandonnée. Là ces heureux oiseaux vivaient dans une douce ignorance du monde qui s'étendait au delà de cette cour et de ses toits ensoleillés. Jamais ils n'avaient aspiré à planer au-dessus des créneaux ou à se percher au sommet des tours. Leur vertueuse union fut à la fin couronnée par l'apparition de deux œufs d'une blancheur immaculée, à la grande joie de leur chère petite maîtresse. Rien ne fut plus édifiant que la conduite de ces deux pigeons en cette occurrence. Ils s'installèrent à tour de rôle sur leurs œufs jusqu'à leur éclosion, et aussi longtemps que leur tendre progéniture eut besoin de chaleur et d'abri; tandis que l'un restait au nid, l'autre se mettait en campagne et ne rentrait jamais sans une abondante provision de nourriture.

Cette scène de félicité domestique se termina brusquement. Ce matin, de bonne heure, tandis que Dolores offrait à manger au mâle, elle eut la fantaisie de lui donner une idée de l'immensité du monde, et, ouvrant la fenêtre du côté de la vallée du Darro, elle le lança hors des murs de l'Alhambra. Pour la première fois de sa vie l'oiseau étonné eut à faire l'essai de la vigueur de ses ailes. Il se précipita dans la vallée, puis, se relevant d'un vigoureux essor, disparut presque dans les nuages. Jamais il ne s'était risqué à une telle hauteur, et n'avait ainsi savouré les joies de la liberté; pareil à un prodigue qui vient d'être mis en possession de sa fortune, il était comme étourdi à la vue des espaces infinis ouverts à ses regards.

Pendant toute la journée on le vit décrire des cercles capricieux au-dessus des arbres et des tours. En vain s'efforça-t-on de le tenter en répandant du grain sur les toits, il semblait avoir perdu tout souvenir du logis, de sa tendre compagne et de ses petits encore dépourvus de plumes. L'anxiété de Dolores fut à son comble lorsqu'elle le vit abordé par deux *palomas ladrones,* ou pigeons voleurs, que l'instinct pousse à attirer les vagabonds de leur race dans leur propre pigeonnier.

Le fugitif, comme tant d'autres jeunes imprudents à leur début dans le monde, semblait fasciné par ces deux oiseaux rusés et pervers, qui avaient entrepris de lui faire goûter les plaisirs de la vie et les charmes de la société emplumée. Aussi il ne cessa point de voler en leur compagnie autour des clochers et des toits de Grenade.

Un orage a balayé la ville, la nuit est venue, mais le fugitif n'est point rentré au logis. Comme pour accroître la tristesse de cette aventure, la femelle, restée plusieurs heures sur son nid sans être remplacée, sortit à son tour pour se mettre à la recherche du vagabond; son absence fut si longue, que les petits, privés de la chaleur et de l'abri du sein maternel, périrent misérablement. A une heure tardive de la soirée, on vint amoncer à Dolores que le fugitif avait été aperçu sur les tours du Generalife.

Or il paraît que l'*administrador* de cet antique palais possède aussi un pigeonnier qui renferme deux ou trois de ces oiseaux séducteurs, épouvante de tous les amateurs du voisinage. Dolores en conclut aussitôt que les deux larrons ailés qu'elle avait aperçus avec le fugitif devaient être ces mauvais sujets du Generalife. Un conseil de guerre fut tenu dans la chambre de Tia Antonia. Le Generalife et l'Alhambra ont une juridiction différente, et il existe un peu de susceptibilité, sinon de jalousie, entre les deux gardiens. On décida que Pepe, le jardinier bègue, serait envoyé à l'*administrador* en qualité d'ambassadeur, pour lui demander que les vagabonds, s'ils se trouvaient sur son territoire, lui fussent remis comme sujets de l'Alhambra.

Ainsi chargé de cette mission diplomatique, Pepe se mit en marche à travers les bosquets et les avenues éclairés par les rayons de la lune, et revint au bout d'une heure avec la triste nouvelle qu'on n'avait découvert aucun oiseau étranger dans le pigeonnier du Generalife. Néanmoins l'*administra-*

dor engagea sa parole souveraine que, si le fugitif s'y montrait, même à minuit, il serait immédiatement arrêté, et reconduit captif entre les mains de sa maîtresse aux yeux noirs.

Telle fut la déplorable aventure qui répandit le deuil dans tout le palais, et coûta une nuit sans sommeil à l'inconsolable Dolores.

« Le chagrin ne dure qu'une nuit, dit un proverbe, et la joie vient au matin. » La première chose que j'aperçus en quittant ma chambre de bonne heure fut Dolores, radieuse de bonheur, et tenant dans ses mains le pigeon fuyard. Dès l'aurore il s'était montré sur les créneaux, voltigeant sur les toits d'un air honteux; enfin il se décida à rentrer par une fenêtre et se constitua prisonnier. Son retour lui fit peu d'honneur, car la voracité avec laquelle il engloutit la nourriture qu'on lui présenta montrait que, à l'exemple de l'enfant prodigue, il n'était revenu que pressé par la famine. Dolores lui reprocha son indigne conduite, et le traita de vagabond, mais en l'embrassant avec amour et en le serrant sur son cœur, avec cette inconséquence habituelle des femmes. Néanmoins je m'aperçus qu'elle avait eu soin de rogner ses ailes, afin de couper court à de nouvelles entreprises. Cette dernière précaution me semble applicable à bien d'autres vagabonds, et je crois que plus d'une précieuse moralité pourrait être recueillie de l'histoire de Dolores et de son pigeon.

CHAPITRE VIII

LA CHAMBRE DE L'AUTEUR

Lorsque je vins m'installer à l'Alhambra, on disposa pour mon usage l'extrémité d'une série de salles, d'architecture moderne, autrefois réservées au gouverneur. Elles occupaient la façade du palais, d'où la vue embrasse toute l'esplanade ; l'autre extrémité, plus éloignée, communiquait avec un groupe de chambrettes moitié mauresques, moitié modernes, habitées par Tia Antonia et sa famille ; celles-ci aboutissaient à la grande pièce mentionnée plus haut, qui servait à l'excellente dame de salon, de cuisine et de salle d'audience. Un corridor étroit et sombre et un escalier à vis non moins obscur conduit de ces appartements un peu tristes à un angle de la tour de Comares.

En tâtonnant un peu on réussit à ouvrir une petite porte au bas de l'escalier; aussitôt vous êtes aveuglé par la vive lumière de l'antichambre de la salle des Ambassadeurs, et par les gerbes éblouissantes de la fontaine de l'Alberca, qui jaillissent en face de vous.

J'étais mécontent de me voir logé dans un appartement moderne, presque en dehors du palais, et mon ardent désir était de m'enfoncer au cœur même de l'Alhambra. Tandis que j'errais, un jour, dans les salles mauresques, j'aperçus, dans une galerie éloignée, une porte qui m'était jusqu'alors demeurée inconnue, et devait sans doute conduire à quelque vaste corps de logis fermé au public. Je flairai aussitôt un mystère, et crus avoir mis la main sur l'aile du palais hantée par les esprits. Je m'en procurai la clef néanmoins sans difficulté, et la porte, en s'ouvrant, révéla une suite de pièces modernes, bâties au-dessus d'une arcade mauresque longeant le petit jardin de Lindaraxa. Il s'y trouvait deux salles très élevées, dont le plafond, brisé en maints endroits, était formé d'épais caissons de cèdre, couverts de riches et fines sculptures, représentant des fleurs et des fruits enlacés à des masques grotesques. Les murs, actuellement nus et déshonorés par les noms insignifiants de voyageurs prétentieux, avaient évidemment été autrefois tendus en damas. Les fenêtres délabrées, ouvertes au vent et à la pluie, prenaient jour sur le jardin de Lindaraxa, dont les orangers et les citronniers avaient poussé leurs branches jusqu'au milieu de la salle.

Plus loin se trouvaient deux salons, d'un étage moins élevé, et regardant aussi le jardin. Dans les compartiments des caissons du plafond, une main exercée avait peint des corbeilles de fruits et des guirlandes de fleurs assez bien conservées. Les murs avaient aussi reçu des fresques dans le goût italien, mais elles étaient devenues presque invisibles. Cet appartement original aboutissait à une galerie ouverte ornée de balustrades, qui s'étendait à angle droit sur un autre côté du jardin. L'ornementation de toutes ces salles annonçait des goûts d'une si délicate élégance, et leur situation retirée près de ce jardin solitaire avait été choisie avec un tact si exquis, que je me sentis intéressé à en découvrir l'histoire.

A force de questions, je finis par apprendre que ce délicieux appartement avait été décoré par des artistes italiens au commencement du dernier siècle, et à l'époque où l'on attendait à l'Alhambra la visite de Philippe V et de la belle Élisabeth de Parme; la reine devait y loger avec ses dames d'honneur. Une des pièces les plus hautes lui avait servi de chambre à coucher; un étroit escalier, muré actuellement, s'élevait dans l'épaisseur de la muraille jusqu'au charmant belvédère, autrefois *mirador,* ou balcon grillé, des sultanes mauresques, mais qu'on avait disposé en boudoir pour la belle Élisabeth : il a gardé jusqu'à ce jour le nom de *Tocador,* ou Toilette de la reine.

Une des fenêtres de la chambre à coucher dont je viens de parler permettait d'apercevoir le Generalife et ses jardins en terrasses ; sous l'autre fenêtre, la fontaine d'albâtre du jardin de Lindaraxa lançait dans les airs ses gerbes étincelantes. Ce jardin reporta involontairement ma pensée à cette époque, plus lointaine encore, où régnaient en cet endroit d'autres beautés non moins celèbres, aux jours de gloire des sultanes mauresques.

« Comme ce jardin, où les fleurs de la terre rivalisent avec les étoiles du ciel, est délicieux! nous dit une inscription arabe. Que peut-on comparer à la vasque élégante de cette fontaine d'albâtre, dont l'eau est aussi pure que le cristal? Rien autre chose que la lune en son plein, étincelant au milieu d'un ciel sans nuages! »

Des siècles ont passé, et que reste-t-il de ce tableau d'une beauté en apparence si fragile? Le jardin de Lindaraxa est encore orné de fleurs; la fontaine n'a pas cessé d'étinceler au soleil; il est vrai que l'albâtre a perdu sa blancheur immaculée, et que le bassin inférieur, envahi par les herbes, est devenu la demeure du lézard. Mais l'aspect même de ces ruines en augmentait l'intérêt, car il fournissait une nouvelle preuve de cette mutabilité, partage inévitable de l'homme et de toutes ses œuvres.

J'étais plus ému de la désolation de ces salles, autrefois la demeure de l'élégante et fière Élisabeth, que si j'avais pu les contempler dans leur première splendeur et envahies par la foule brillante des courtisans. Je me décidai sur l'heure à me loger en cet endroit.

Ma détermination causa la plus profonde surprise à la famille, qui ne pouvait assigner aucun motif raisonnable au choix de ce logis solitaire, éloigné, et dans le plus complet abandon. La bonne Tia Antonia le considérait comme dangereux; le voisinage, disait-elle, est infesté de vagabonds, et les cavernes des montagnes voisines fourmillent de bohémiens; il est facile de pénétrer en beaucoup d'endroits dans ce palais en ruines, et le bruit qu'un étranger occupe seul un des appartements délabrés, loin des autres habitants de l'Alhambra, peut attirer durant la nuit des visiteurs dangereux, d'autant plus que la bourse des étrangers a la réputation d'être toujours bien garnie. Dolores me représenta l'affreuse solitude de cet endroit, envahi par

Jardin de Lindaraxa.

les chauves-souris et les hiboux; en outre un renard et un chat sauvage avaient élu domicile sous les voûtes, où ils vagabondaient pendant la nuit.

Rien ne put me détourner de mon idée;
Mateo Ximenes, aidé d'un menuisier, eut
bientôt remis les portes et les fenêtres en état
de me donner une protection suffisante. En
dépit de ces précautions, j'avoue que ma
première nuit dans ce logis fut d'une tristesse inexprimable. La famille entière m'escorta jusqu'à ma chambre; le congé solennel
que ces braves gens prirent de moi, et leur
retraite à travers les vastes antichambres
et les galeries sonores, me rappela ces
contes de fées où le héros est laissé seul dans
le palais dont son courage doit détruire l'enchantement.

Par une singulière contradiction, le souvenir même de la gracieuse Élisabeth et des
beautés de sa cour, autrefois l'ornement de
ces salles, augmentait ma tristesse. C'est ici
qu'elles firent une apparition aussi rapide
que joyeuse, et l'on distingue encore la trace
des habitudes recherchées et gracieuses de
leur vie élégante. Que sont devenues ces
fières beautés? Où ont-elles porté leurs pas?
Cendre et poussière! habitants de la tombe!
fantômes de la mémoire!

Une terreur aussi vague qu'indescriptible s'emparait de moi. Je l'aurais volontiers attribuée aux histoires de voleurs dont j'avais été rassasié avant de me coucher; mais je compris que l'origine en était moins réelle et plus absurde. En un mot, tous les vieux souvenirs oubliés de mon enfance se ranimaient et reprenaient leur puissance dans mon imagination.

L'état de surexcitation de mon cerveau finit par affecter tout ce qui m'environnait. Le murmure de la brise à travers les citronniers me parut sinistre. Je jetai les yeux sur le jardin de Lindaraxa; les bosquets y formaient des gouffres profonds et obscurs, et les massifs de fleurs et d'arbustes revêtaient des formes indécises et lugubres.

Je me hâtai de fermer la fenêtre, mais ma chambre fut hantée à son tour. Une chauve-souris y avait pénétré, et voltigeait autour de ma tête et de ma lampe solitaire; les figures grotesques sculptées au plafond de cèdre semblaient me regarder en grimaçant.

Secouant ma torpeur, je résolus de braver cette faiblesse passagère qui me faisait sourire à demi, et, ma lampe à la main, je sortis pour faire le tour du vieux palais. En dépit de mes courageux efforts, l'entreprise était rude. La lumière de ma lampe décrivait un cercle assez limité autour de moi; je marchais au milieu d'une sorte de halo, environné de ténèbres épaisses. Les corridors voûtés semblaient autant de cavernes, et le plafond des salles disparaissait dans l'ombre. Un ennemi soigneusement caché en avant ou en arrière me guettait peut-être en cet instant critique! Mon ombre même glissant sur les murs, et jusqu'au bruit de mes pas résonnant sur les dalles, me faisaient involontairement frissonner de terreur.

Comme je traversais la grande salle des Ambassadeurs dans cet état de surexcitation nerveuse, des sons véritables vinrent justifier l'épouvante de mon esprit. Des plaintes sourdes et des exclamations inarticulées paraissaient s'élever des profondeurs du sol que je foulais d'un pas furtif; je m'arrêtai et prêtai l'oreille.

Elles me semblèrent ensuite venir du dehors et ressembler tantôt aux hurlements d'un animal, tantôt à des cris étouffés mêlés à des paroles incohérentes et confuses. Ces sons terrifiants, entendus dans cet endroit étrange, au milieu du profond silence de la nuit, me guérirent aussitôt de l'envie de continuer ma promenade solitaire.

Je regagnai ma chambre plus vite que je n'en étais sorti, et ne respirai à l'aise qu'en me sentant une fois de plus abrité par ses murailles et protégé par les verrous.

Lorsque je me réveillai le matin, les rayons du soleil, entrant par la fenêtre, inondaient tout l'édifice d'une lumière si joyeuse et si consolante, que j'eus de la peine à évoquer les fantômes de la nuit précédente; je ne pouvais croire que mon imagination malade eût pu transformer les réalités paisibles qui m'entouraient en de si horribles chimères.

Néanmoins les affreux hurlements et les cris que j'avais entendus étaient bien une réalité. Dolores m'expliqua qu'ils étaient poussés par un pauvre fou, frère de sa tante, sujet à de violents accès d'un délire furieux, durant lesquels on l'enfermait dans une pièce voûtée au-dessous de la salle des Ambassadeurs.

CHAPITRE IX

L'ALHAMBRA AU CLAIR DE LA LUNE

J'ai donné une courte description de mon logis au moment où j'en prenais possession; quelques soirées y ont apporté de grands changements, et n'ont pas moins modifié l'état de mon esprit. La lune, alors invisible, a peu à peu gagné sur les heures de la nuit, et glisse maintenant avec majesté au-dessus des tours, en inondant des flots de sa douce clarté les salles et les cours de l'antique palais. Le jardin sous mes fenêtres est discrètement éclairé de ses rayons; les orangers et les citronniers sont piqués de points lumineux; les jets d'eau des fontaines retombent en pluie argentée, et l'on peut distinguer jusqu'aux nuances délicates des pétales de la rose.

Assis depuis des heures à ma fenêtre, je respire l'air embaumé du jardin, en méditant sur la fortune diverse de ces personnages que les souvenirs élégants qui m'entourent font confusément revivre dans ma mémoire.

Parfois, sur le coup de minuit, je sors au milieu du silence universel, et j'erre au hasard dans le vieux palais. Qui pourra rendre justice à la merveilleuse beauté du clair de lune sous un pareil climat, et dans un pareil endroit? La température des nuits d'été en Andalousie est d'une inexprimable douceur.

On se sent comme soulevé dans une région plus pure; la sérénité de l'âme, l'activité de l'esprit et l'élasticité du corps transforment la vie même en une véritable jouissance.

Sous les rayons magiques de la lune, l'Alhambra devient un palais enchanté. Toutes les fentes et les crevasses, et cette lèpre hideuse de la moisissure et de l'humidité, ont disparu tout à coup. Le marbre a retrouvé sa première blancheur; les longues colonnades sont baignées de lueurs adoucies, qui éclairent discrètement l'intérieur des salles, et l'édifice entier rappelle ces palais féeriques des contes arabes.

C'est alors que je monte à ce petit pavillon appelé la «Toilette de la reine», d'où l'on jouit d'une vue aussi étendue que variée. A droite, les sommets neigeux de la Sierra-Nevada se détachent comme des nuages argentés sur le fond plus sombre du firmament, et le profil moins accusé des montagnes n'a rien perdu de sa netteté. J'aime à me pencher sur la balustrade du *Tocador* pour contempler Grenade, ensevelie dans le repos et se déroulant à mes pieds comme une immense carte géographique; tous ses couvents et ses palais, d'une blancheur éclatante, paraissent endormis sous les rayons de la lune.

Parfois j'entends le bruit lointain des castagnettes d'un groupe de danseurs attardés sur l'Alameda, ou les sons incertains d'une guitare accompagnant une voix plaintive dans quelque rue solitaire, et je me représente sans peine le jeune cavalier adossé à la muraille, sous les fenêtres de la personne à laquelle il offre le discret hommage d'une sérénade. Cette vieille et gracieuse coutume tend malheureusement à disparaître, sauf dans les villes et les bourgs les plus reculés d'Espagne. Telles sont les scènes qui me retenaient, durant de longues heures, au milieu des cours et sur le balcon du vieux palais. Je m'abandonnais alors à ces rêveries délicieuses qui font oublier l'existence dans ces climats chauds et amollissants; et l'aube matinale blanchissant l'horizon venait souvent me surprendre avant que j'eusse songé à regagner mon lit, où je finissais par m'endormir, bercé par le doux murmure des eaux de la fontaine de Lindaraxa.

CHAPITRE X

LES HABITANTS DE L'ALHAMBRA

J'ai souvent remarqué que plus les habitants d'un palais ont été illustres au jour de sa prospérité, plus leurs successeurs sont petits et humbles quand a sonné l'heure de l'infortune et au déclin de sa gloire; en un mot, la résidence royale finit presque toujours par servir d'abri aux mendiants.

L'Alhambra descend rapidement la pente qui conduit à cette transformation. Chaque tour tombant en ruines est aussitôt envahie par une famille déguenillée, dont les membres partagent avec les chauves-souris et les hiboux la possession de ses salles dorées, et suspend ses haillons, vrais drapeaux de l'indigence, aux fenêtres et aux meurtrières.

Je m'amuse souvent à observer les types variés de ces usurpateurs de l'antique résidence royale, dont la présence en cet endroit termine d'une façon burlesque le drame de l'orgueil humain. L'un d'eux porte ironiquement un titre royal. C'est une petite vieille appelée Maria Antonia Sabonea, et surnommée la reyna Coquina ou reine Coquille. Elle est d'assez petite taille pour être traitée de véritable fée, à quoi il n'y aurait rien d'impossible, car, en dépit de mes questions, personne n'a pu me faire connaître son origine.

Son logis n'est pas autre chose qu'un petit recoin sous l'escalier extérieur du palais ; on la trouve généralement assise dans le frais corridor de pierre, occupée à coudre, chantant du matin au soir et toujours prête à plaisanter avec ceux qui passent : c'est la plus pauvre et aussi la plus gaie des créatures. Elle a au plus haut degré le talent de conter des histoires, et son fonds n'est pas moins riche que celui de l'inépuisable sultane Scheherazade des *Mille et une Nuits*.

J'ai pu m'en assurer aux *tertulias* ou réunions du soir de Tia Antonia, dont elle accepte parfois l'invitation avec une humble reconnaissance.

Un autre personnage, rival de cette petite reine des fées, est un vieux et gros bonhomme, favorisé d'un nez aussi large que rubicond, qu'on voit circuler vêtu d'un costume couleur de rouille et coiffé d'un chapeau retroussé orné d'une cocarde rouge. C'est l'un des « fils légitimes » de l'Alhambra, où s'est écoulée sa vie entière dans les fonctions successives d'alguazil en second, de sacristain de l'église paroissiale et de marqueur du jeu de paume établi au pied de l'une des tours.

Pauvre comme un rat, mais aussi fier que déguenillé, il se vante avec orgueil d'appartenir à l'illustre maison d'Aguilar, d'où sortit Gonzalve de Cordoue, le fameux capitaine, et porte même le nom d'Alonzo de Aguilar, si célèbre dans l'histoire de la conquête. Quel singulier caprice de la fortune de nous présenter dans ce va-nu-pieds un descendant du fier Alonzo de Aguilar, ce miroir de la chevalerie andalouse, menant la vie d'un

mendiant dans cette orgueilleuse forteresse
que son ancêtre aida à reconquérir! Et cependant tel eût pu être le sort des descendants
d'Agamemnon et d'Achille, s'ils étaient restés
auprès des ruines de Troie.

Au milieu de ces types si variés, la nombreuse famille de mon écuyer bavard, Mateo
Ximenes, occupe une place fort importante.
Ce n'est pas sans motif qu'il se vante d'être
un fils de l'Alhambra; car cette illustre lignée habite la forteresse depuis l'époque de
la conquête, et se transmet soigneusement de
père en fils une pauvreté héréditaire : pas un
d'eux n'a jamais possédé un maravédi.

Son père, tisseur de rubans de profession,
a succédé au tailleur historique comme chef
de la famille; il est âgé d'environ soixante-dix ans et habite une chaumière de roseaux
et de plâtre, bâtie de ses propres mains, un
peu au delà de la Porte de fer. Un lit disloqué, une table, deux ou trois chaises, composent le mobilier; un coffre en bois renferme les hardes et les archives de sa famille,
c'est-à-dire quelques papiers relatifs à d'anciens procès qu'il ne peut lire. Mais l'orne-

ment et la gloire de cette bicoque, c'est le blason des armes de la famille, peint de brillantes couleurs, et suspendu dans un cadre contre le mur; ses nombreux quartiers indiquent clairement les nobles maisons auxquelles cette nichée d'affamés prétend être alliée.

Quant à Mateo Ximenes lui-même, il n'a rien négligé en vue de perpétuer un nom si célèbre, car il possède une femme et une nombreuse progéniture qui habitent une baraque démantelée du village. Leur existence est un mystère connu de Dieu seul; car la manière dont vit une famille espagnole est restée pour moi une inexplicable énigme. Et cependant ils vivent; bien plus, ils sont heureux de vivre. La femme se promène le dimanche dans le Paseo de Grenade, un enfant dans les bras et une demi-douzaine derrière ses talons; quant à la fille aînée, elle orne déjà sa chevelure de fleurs, et danse gaiement au son des castagnettes.

Il y a deux sortes de gens dont la vie n'est qu'une longue partie de plaisir, ceux qui sont très riches et ceux qui sont très pauvres : les

premiers parce qu'ils ne sont point obligés à
rien faire, les autres parce qu'ils n'ont rien
à faire ; mais personne ne connaît mieux l'art
de ne rien faire et de vivre de rien que les
classes pauvres d'Espagne. Le climat opère
la moitié de la besogne, et le tempérament
l'achève. Donnez à un Espagnol de l'ombre en
été et du soleil en hiver ; un peu de pain, de
l'ail, de l'huile et des fèves (*garbanzos*), un
vieux manteau brun et une guitare, et il laissera le monde tourner à sa guise sur son
axe. Parlez-lui de pauvreté : elle est pour lui
sans déshonneur ; il se drape dans sa misère
d'un air aussi grandiose que dans sa cape
en loques : c'est toujours un hidalgo, en dépit de ses guenilles.

Les « fils de l'Alhambra » sont d'illustres
représentants de cette philosophie pratique.
De même que les Arabes s'imaginaient reconnaître le paradis terrestre en cet endroit
favorisé, je crois aussi qu'un reflet de l'âge
d'or s'est attardé au milieu de cette tribu en
haillons. Ils ne possèdent rien, ne font rien
et ne se préoccupent de rien. Inoccupés en
apparence durant toute la semaine, ils obser-

vent néanmoins scrupuleusement le repos du dimanche et des jours de fête comme les plus laborieux des artisans. Qu'il s'agisse d'une partie de plaisir à Grenade ou aux environs, ou d'allumer les feux de la Saint-Jean sur les montagnes, on est sûr de les trouver à leur poste; ne viennent-ils pas de célébrer par des danses au clair de la lune l'heureuse récolte de quelques boisseaux de blé produits par un misérable petit champ dans l'enceinte de la forteresse?

Avant de terminer ces remarques, je dois faire connaître au lecteur un des amusements de l'endroit qui m'a beaucoup frappé. A plusieurs reprises j'avais remarqué un long et maigre gaillard, perché au sommet de l'une des tours, et manœuvrant deux ou trois lignes à pêcher, comme s'il en voulait aux étoiles. Les évolutions de ce pêcheur aérien ne laissèrent pas de m'intriguer pendant un certain temps, et ma perplexité s'accrut en observant d'autres individus livrés à la même occupation sur différents points des créneaux et des bastions; je n'eus l'explication de ce mystère qu'après avoir consulté Mateo.

Il paraît que la situation élevée et l'air pur de cette forteresse sont très favorables à la multiplication des hirondelles et des martinets, qui voltigent par myriades au-dessus des tours, avec l'entrain d'une bande d'écoliers se précipitant hors de l'école. Les fils déguenillés de l'Alhambra, avec l'habileté ingénieuse de paresseux fieffés en quête d'amusement, ont ainsi inventé l'art de pêcher à la ligne dans les airs, avec des hameçons garnis de mouches que rencontrent ces pauvres oiseaux en décrivant leurs cercles capricieux.

CHAPITRE XI

LA COUR DES LIONS

Un des charmes particuliers à ce vieux palais endormi est de vous porter à la rêverie et aux évocations du passé, et l'on en vient insensiblement à transformer en réalités les illusions de la mémoire et les fantômes de l'imagination. Comme je me complais en « ces vaines chimères », je recherche les endroits de l'Alhambra favorables à cette fantasmagorie de l'esprit, à laquelle je m'abandonne avec le plus de succès dans la cour des Lions et les salles voisines.

En ce lieu la main du temps s'est montrée plus légère, et les traces de l'élégance et de la splendeur arabes ont presque conservé leur éclat primitif.

Les tremblements de terre ont ébranlé les fondations de ce vaste édifice et ouvert les flancs de ses tours les plus massives; et cependant voyez : pas une de ces sveltes colonnettes n'a été déplacée, pas une de ces voûtes fragiles n'a cédé, et toutes les ciselures de ces dômes, pareilles aux délicates arabesques tracées par le givre, ont l'air de sortir des mains de l'artiste musulman.

J'écris ces lignes au milieu de ces reliques du passé, à l'heure la plus fraîche du matin, et dans la célèbre salle des Abencerrages. Devant moi se dresse le funèbre monument de leur massacre, cette fontaine toujours souillée de sang, dont le hardi jet d'eau vient retomber en rosée presque sur mon papier.

Qu'il est difficile de se représenter cette sanglante tragédie en cet endroit si pénétré de calme et de paix! Ici tout vous porte

La cour des Lions.

aux plus doux sentiments de joie et de bonheur, car tout respire la plus charmante élégance. La lumière elle-même semble plus finement tamisée en franchissant la lanterne de ce dôme, créé par la main légère des fées.

A travers l'ample courbure d'une arche mauresque richement sculptée j'aperçois la cour des Lions, inondée des rayons du soleil, qui dore ses colonnades et fait resplendir les gerbes de ses fontaines. L'hirondelle agile plonge dans la cour, puis, s'élevant de nouveau, s'éloigne en criant vers les toits ; l'abeille laborieuse butine en bourdonnant à travers les fleurs, et les brillants papillons voltigent d'une plante à l'autre et se poursuivent dans un rayon de soleil.

Par un simple effort de l'imagination on croit apercevoir une des belles sultanes du harem errer, pensive, dans cette retraite cachée du luxe oriental.

L'observateur désireux de contempler cette scène sous un aspect plus en rapport avec la fortune actuelle du palais, devra se présenter au moment où l'approche du crépuscule tempère l'éclatante lumière de la cour et rejette dans l'ombre les salles environnantes. La douce mélancolie de ce tableau s'harmonise mieux avec les antiques souvenirs de la grandeur déchue de l'Alhambra.

C'est alors que je dirige mes pas vers la salle de la Justice, dont les arcades mystérieuses se déroulent à l'extrémité supérieure de la cour. Ici, en présence de Ferdinand et d'Isabelle et de toute la cour triomphante, fut célébrée une grand'messe solennelle à l'occasion de la prise de Grenade.

On aperçoit encore sur le mur la même croix, placée au-dessus de l'autel où officia le grand cardinal d'Espagne, assisté des plus hauts dignitaires ecclésiastiques du royaume. Je me transporte par la pensée au milieu de cette foule de conquérants, où se confondent les prélats mitrés et les moines à la tête rasée, les chevaliers bardés de fer et les courtisans vêtus de soie; où les croix, les crosses et les bannières religieuses se heurtent aux pennons armoriés et aux étendards des fiers grands d'Espagne, qui se déploient triomphants dans ce palais mauresque.

Humble spectateur de cette fête splendide, Christophe Colomb, le futur conquérant de l'Amérique, se place modestement dans un coin retiré. Des yeux de l'imagination j'aperçois encore les monarques catholiques se prosterner devant l'autel, et offrir des actions de grâces pour leur victoire, tandis que les voûtes retentissent de mélodies sacrées et du chant grave et imposant du *Te Deum*.

Cette illusion passagère a fui, toute cette brillante assemblée a disparu : monarques, prêtres, guerriers, sont allés rejoindre dans l'oubli du passé les pauvres musulmans vaincus. La salle qui a vu leur triomphe est nue et désolée. La chauve-souris frôle de ses ailes la voûte assombrie, et le hibou solitaire gémit tristement au sommet de la tour voisine de Comares.

En pénétrant, il y a quelques soirs, dans la cour des Lions, je fus étrangement surpris d'apercevoir un Arabe, coiffé d'un turban, tranquillement assis près de la fontaine. Pour un instant je restai confondu : allais-je donc voir se réaliser quelqu'une de ces merveilleuses histoires de l'Alhambra, et contempler un des vieux habitants du palais redevenu visible après avoir rompu le charme magique qui le retenait captif depuis tant de siècles? Après tout, ce n'était qu'un mortel ordinaire, né à Tetouan en Barbarie, et marchand de rhubarbe, de bijoux et de parfums dans sa boutique du Zacatin, à Grenade.

Comme il parlait couramment l'espagnol, je pus m'entretenir avec lui, et je le trouvai rempli de finesse et d'intelligence. Il me dit qu'il gravissait la colline de temps à autre pendant l'été, afin de passer une partie de la journée à l'Alhambra, dont l'architecture et les décorations, bien que d'un style plus grandiose, lui rappelaient les anciens palais de Barbarie.

Tout en parcourant l'édifice avec moi, il me désigna plusieurs inscriptions arabes d'une grande beauté.

« Ah! Señor, dit-il, lorsque les Maures occupaient Grenade, ils étaient plus gais que de nos jours, et ne songeaient qu'à la musique et à la poésie. Chaque événement leur inspirait des vers qu'ils chantaient ensuite. Celui qui composait le meilleur poème ou possédait la voix la plus harmonieuse pouvait compter sur les faveurs et les distinctions. En ces beaux jours, si quelqu'un demandait du pain, on ne manquait jamais de lui répondre : « Faites-moi un couplet, » et le pauvre qui mendiait en vers était souvent récompensé d'une pièce d'or.

— Le sentiment poétique est-il entièrement perdu parmi vous ? lui demandai-je.

— Certainement non, Señor; le peuple de Barbarie, jusque dans les plus basses classes, compose encore des couplets et de très bons, comme dans l'ancien temps; mais le talent n'est plus récompensé avec la même générosité; les riches préfèrent le son de leur or à l'harmonie des vers ou de la musique. »

Pendant qu'il s'exprimait ainsi, ses yeux

s'arrêtèrent sur l'une des inscriptions qui prédisait la perpétuité de la puissance et de la gloire des monarques musulmans, maîtres de ce splendide palais. Il secoua la tête et leva les épaules en me la traduisant. « Il en eût été ainsi, dit-il, et la race arabe régnerait encore sur l'Alhambra, si Boabdil n'avait point agi en traître lorsqu'il abandonna sa capitale aux chrétiens. Jamais les monarques espagnols n'auraient pu la prendre par la force. »

J'essayai de laver la mémoire de l'infortuné Boabdil de cette accusation, et de prouver que les dissensions qui amenèrent la chute de l'empire des Arabes avaient été causées par la cruauté du père de ce malheureux prince. Mais mon Africain ne voulut admettre aucune circonstance atténuante.

« Muley-Hassan, dit-il, peut fort bien s'être montré cruel; mais il était brave, vigilant et patriote. S'il eût été mieux secondé, Grenade nous appartiendrait encore; son fils Boabdil entrava ses desseins, affaiblit son pouvoir, sema la trahison dans son palais et la discorde dans son camp. Qu'il soit maudit de Dieu pour sa félonie! » Sur ces mots l'Arabe s'éloigna de l'Alhambra.

L'indignation de ce porteur de turban s'accorde bien avec une anecdote racontée par un de mes amis qui, pendant un voyage en Barbarie, eut une entrevue avec le pacha de Tetouan. Ce gouverneur arabe le pressa de questions sur le sol en général et sur les régions les plus favorisées de l'Andalousie, sur les délices de Grenade et les ruines de son palais royal.

Les réponses qu'on lui donna réveillèrent tous les vieux souvenirs, si chers aux Maures, de la splendeur de leur ancien royaume d'Espagne. Le pacha se tourna vers sa suite en caressant sa barbe, et se répandit en lamentations passionnées de ce qu'un sceptre si puissant fût tombé des mains des vrais croyants. Il se consolait néanmoins en songeant au déclin visible de la prospérité du gouvernement espagnol; un jour viendrait, et peut-être n'était-il pas loin, où les Maures reprendraient possession de leur légitime domaine. Alors la mosquée de Cordoue serait encore une fois témoin des splendeurs religieuses du culte de Mahomet, et un prince musulman irait s'asseoir sur son trône à l'Alhambra.

Telles sont les aspirations et la croyance des Maures de Barbarie; à leurs yeux, l'Espagne, et surtout l'Andalousie, est un héritage légitime que la trahison et la violence leur ont arraché. Ces espérances sont favorisées et entretenues par les descendants des Maures exilés de Grenade, dispersés dans les villes des États barbaresques. Plusieurs d'entre eux résident à Tetouan, et y gardent leurs anciens noms, tels que Paez et Medina, en s'abstenant de toute alliance avec les familles qui ne peuvent établir leurs droits à la même antique origine.

Le peuple les entoure d'un respect que les musulmans n'accordent qu'avec parcimonie à ceux dont l'illustration héréditaire n'est point due à un sang royal.

Ces familles continuent à soupirer après le paradis terrestre de leurs ancêtres, et chaque vendredi elles offrent des prières publiques dans les mosquées afin d'obtenir d'Allah qu'il daigne hâter l'époque où Grenade sera rendue aux fidèles; ils attendent cet heureux jour avec autant d'ardeur que les croisés chrétiens convoitaient autrefois la conquête du Saint-Sépulcre. Bien plus, on prétend que plusieurs d'entre eux conservent les anciens plans et titres de propriété des jardins et des terres de leurs ancêtres à Grenade, et jusqu'aux clefs des maisons; à leurs yeux ce sont autant de preuves de la légitimité de leurs revendications, qu'ils tiennent prêtes pour le jour si impatiemment désiré de la restauration du royaume arabe.

La cour des Lions a aussi sa part de légendes merveilleuses. J'ai déjà parlé de ce murmure de voix et de ce bruit de chaînes, attribués aux esprits des Abencerrages massacrés en cet endroit. Il y a quelques jours, à l'une des réunions du soir chez Tia Antonia, Matco Ximenes nous raconta un fait arrivé du vivant de son aïeul, le tailleur légendaire.

A cette époque, un vieux soldat invalide était chargé de montrer l'Alhambra aux étrangers. Or, un soir qu'il traversait la cour des Lions, vers l'heure du crépuscule, il entendit des pas dans la salle des Abencerrages. Croyant à la présence de quelques visiteurs attardés, il s'avança pour les accompagner; mais, à son extrême surprise, il aperçut quatre Maures, richement vêtus, avec de magnifiques cuirasses dorées, des cimeterres et des poignards ornés de pierres précieuses. Ils se promenaient de long en large, d'un pas solennel; mais ils s'arrêtèrent et lui firent signe d'approcher. Le vieux soldat prit ses jambes à son cou, et jamais on ne put le décider à remettre les pieds à l'Alhambra. C'est ainsi que les hommes tournent parfois le dos à la fortune; car c'est l'opinion arrêtée de Mateo, que les Maures voulaient lui révéler l'endroit où étaient enterrés leurs trésors.

Le successeur du soldat invalide se montra plus fin. Il arriva pauvre à l'Alhambra: au bout d'une année il se retira à Malaga, acheta une maison, devint possesseur d'un équipage, et y vit encore un des plus riches et aussi un des plus vieux habitants de la ville. Ce qui ne peut s'expliquer autrement, nous dit le sagace Mateo, que par la découverte du trésor des Arabes.

CHAPITRE XII

BOABDIL EL CHIÇO

Ma conversation avec le Maure dans la cour des Lions me fit réfléchir sur la fortune singulière de Boabdil. Jamais le surnom d'*El Zogoybi,* ou l'Infortuné, ne fut plus justement appliqué par ses sujets. Le malheur l'atteignit presque au berceau. Dès sa première jeunesse il fut emprisonné et menacé de mort par un père inhumain, et ne dut la vie qu'à un stratagème de sa mère; son âge mûr fut abreuvé d'amertumes et toujours exposé à l'hostilité d'un oncle usurpateur. Son règne ne cessa pas d'être troublé par des invasions à l'extérieur et par des guerres intestines ; il fut successivement l'adversaire, le prisonnier, l'ami du roi Ferdinand, jusqu'au moment où ce monarque[1], non moins habile que puissant, réussit à l'écraser et à le chasser de son trône. Exilé du pays qui l'avait vu naître, il se réfugia à la cour d'un prince africain, et mourut obscurément sur un champ de bataille en défendant la cause d'un étranger.

Sa mort ne mit point un terme à ses malheurs. Si Boabdil a caressé l'espérance de laisser un nom honorable dans l'histoire, son attente a été cruellement trompée. Qui a pu lire avec un peu d'attention l'histoire romanesque de la domination arabe en Espagne, sans être indigné par les prétendues atrocités

---

[1] Ce prince, appelé le Sage et le Prudent en Espagne, en Italie le Pieux, a toujours été jugé sévèrement, surtout par les Français, qui lui ont sans doute gardé rancune de leur avoir enlevé la Navarre. Néanmoins des historiens impartiaux l'ont traité avec plus d'équité. « On ne peut lui refuser, dit un auteur français, d'avoir été le plus grand roi de son siècle : fin, souple, adroit, laborieux, éclairé, connaissant les hommes et les affaires, fécond en ressources, prévoyant les événements, faisant la guerre non en paladin, mais en roi. » (*Note du traducteur.*)

Ayxa réussit à le faire glisser la nuit au bas de la tour.

de Boabdil, ou rester insensible au récit des infortunes de sa jeune et charmante reine, soumise à une mortelle épreuve sur un faux soupçon d'infidélité? Qui a pu l'entendre accuser sans frémir d'avoir été le meurtrier de sa propre sœur et de ses enfants dans un transport de colère, et aussi d'avoir fait massacrer les braves Abencerrages, qui furent, dit-on, décapités par son ordre dans la cour des Lions?

Ces accusations ont été renouvelées sous toutes les formes; elles ont passé dans les ballades, les drames et les romans, et sont si profondément entrées dans l'esprit du public, qu'il faut désespérer de les en extirper jamais. Pas un étranger instruit ne visite l'Alhambra sans demander à voir la fontaine, témoin muet de la mort des Abencerrages, et ne contemple avec horreur la galerie grillée que la tradition désigne comme la prison de la reine. Il n'y a pas un paysan de la Vega ou de la Sierra qui ne puisse chanter, en s'accompagnant sur sa guitare, les rudes couplets inspirés par ces traditions mensongères, tandis que ses auditeurs apprennent à exécrer le nom même de Boabdil.

Cependant jamais nom ne fut plus injustement et indignement calomnié. J'ai pu examiner les chroniques authentiques et les lettres écrites par les auteurs espagnols contemporains de Boabdil, et dont quelques-uns, confidents des monarques catholiques, ne quittèrent pas le camp durant toute la guerre. J'ai même parcouru les auteurs arabes que la traduction me permettait d'aborder, et rien n'y justifie ces accusations aussi noires qu'odieuses. L'origine de tous ces récits inexacts semble pouvoir être rapportée à un ouvrage intitulé : *Les Guerres civiles de Grenade,* qui contient l'histoire prétendue des luttes entre les Zégris et les Abencerrages au moment de l'agonie de l'empire musulman.

Ce livre, d'abord publié en espagnol, aurait été traduit de l'arabe par un certain Gines Perez de Hita, habitant de Murcie; depuis il a passé en plusieurs langues, et Florian en a tiré la plus grande partie de son roman de *Gonzalve de Cordoue.* En réalité ce n'est qu'une lourde compilation de fables, qui doit une apparence de véracité à quelques faits exacts toujours défigurés, et a usurpé l'autorité de l'histoire en s'imposant à la crédulité du peuple, et surtout des paysans des environs de Grenade. Un pareil livre porte en lui-même la preuve de sa fausseté ; car jamais la plume d'un Arabe n'eût consenti à retracer l'histoire de son pays avec une telle extravagance, ou décrit les mœurs de ses compatriotes d'une manière aussi contraire à leur foi qu'à leurs usages.

A mon sens, c'est un véritable crime que de pervertir ainsi les faits ; sans doute on peut accorder une grande latitude aux fictions romanesques, mais en les renfermant dans des limites infranchissables, et les morsures de la calomnie ne doivent pas plus atteindre les morts illustres de l'histoire que les célébrités contemporaines. Il est permis de croire que l'infortuné Boabdil a suffisamment expié sa très légitime hostilité à l'égard des Espagnols par la perte de son royaume, sans que son nom, indignement flétri, soit noté d'infamie au milieu de son propre pays et jusque dans le palais de ses ancêtres!

Ce n'est pas non plus notre intention d'affirmer ici que tous les actes coupables reprochés à Boabdil n'ont aucun fondement historique; autant qu'il est possible de s'en assurer, ils peuvent être imputés à son père, Aben-Hassan, doué, selon les chroniqueurs chrétiens et arabes, d'un caractère aussi féroce que cruel. Car c'est bien lui qui fit massacrer les nobles descendants des Abencerrages sur un simple soupçon d'avoir conspiré pour le dépouiller du trône.

La mise en accusation et l'emprisonnement, dans une des tours, de la reine, femme de Boabdil, ne paraît plus être qu'un épisode de la vie de ce père au cœur de bête féroce. Aben-Hassan, dans un âge avancé, avait épousé une belle captive chrétienne, de noble maison, qui prit le nom arabe de Zorayda; elle lui donna deux fils, que dans son ambition elle souhaitait ardemment voir parvenir au trône.

Dans ce but, elle excita le caractère soupçonneux du roi et l'enflamma de jalousie contre ses autres enfants, qu'elle accusait de menacer son trône et sa vie. Plusieurs d'entre eux périrent de la main de ce père inhumain. Ayxa-la-Horra, la vertueuse mère de Boabdil, autrefois la favorite du tyran, devint l'objet de ses soupçons. Il la fit enfermer avec son fils Boabdil dans la tour de Comares; mais elle réussit à le faire glisser la nuit au bas de la tour, à l'aide de son écharpe nouée à celles de ses suivantes : ce qui lui permit de se réfugier à Cadix.

Voilà donc la seule trace que j'aie pu découvrir de l'accusation et de la captivité de la reine, et Boabdil joue plutôt dans cette affaire le rôle d'une victime que celui d'un persécuteur.

Pendant toute la durée de ce règne, aussi court que désastreux et agité, Boabdil montre un aimable et doux caractère. Dès l'abord il gagna le cœur de son peuple par des manières affables et gracieuses; facile à apaiser, jamais il ne punit avec rigueur ceux qui de de temps à autre se révoltèrent contre lui. Personnellement rempli de bravoure, il manquait de courage moral, et au milieu de graves difficultés et de perplexités, il resta toujours indécis. Cette faiblesse d'esprit hâta sa chute, et ce fut sans grâce héroïque, sans dignité et sans grandeur, que disparut ce prince infortuné, dernier représentant du glorieux empire des Arabes en Espagne.

CHAPITRE XIII

SOUVENIRS DE BOABDIL

Tandis que mon esprit est encore préoccupé du triste sort de l'infortuné Boabdil, je veux présenter au lecteur tous les souvenirs ayant trait à son histoire, qu'on retrouve encore en cet endroit, témoin de sa puissance et de ses malheurs. Dans la galerie de tableaux du Generalife on a placé son portrait. La figure est belle, douce et un peu mélancolique; le teint est clair et les cheveux blonds; si ce visage est l'exacte reproduction de l'original, on y surprend bien une expression irrésolue et incertaine, mais rien de méchant ni de cruel.

J'ai visité le donjon où il fut enfermé dans sa jeunesse, lorsque son père voulait attenter à ses jours. C'est une pièce voûtée de la tour de Comares, sous la salle des Ambassadeurs ; un appartement semblable, séparé par un étroit passage, servait aussi de prison à sa mère, la vertueuse Ayxa-la-Horra. Les murs sont d'une prodigieuse épaisseur, et des barreaux de fer en garnissent les étroites fenêtres. Une galerie en pierres, fort exiguë et munie d'un parapet très bas, règne sur trois côtés de la tour, au-dessous des fenêtres, mais à une distance considérable du sol. On suppose que c'est du haut de cette galerie, pendant une nuit obscure, que la reine, à l'aide de son écharpe jointe à celles de ses femmes, fit glisser son fils jusqu'au revers de la colline, au bas de laquelle l'attendait un domestique tenant un coursier rapide qui devait entraîner le prince dans les montagnes.

Tandis que je parcourais cette galerie, mon imagination me représentait la reine, penchée avec angoisse au-dessus du parapet, et cherchant à maîtriser l'émotion de son cœur de mère, afin de pouvoir entendre le galop précipité du cheval qui emportait son fils le long de l'étroite vallée du Darro.

Je cherchai ensuite à retrouver la porte par laquelle Boabdil s'éloigna de l'Alhambra au moment de livrer sa capitale. Ce prince, par un triste caprice de son cœur brisé, demanda aux monarques chrétiens que dorénavant personne ne fût autorisé à franchir cette porte. D'après les anciennes chroniques, la pitié sympathique d'Isabelle écouta cette prière, et la porte fut murée. Pendant quelque temps, je m'informai en vain de cette entrée; à la fin, mon humble compagnon Mateo apprit d'un des vieux habitants de la forteresse qu'il existait encore un ancien portail en ruines par lequel, selon la tradition, le roi maure avait quitté le palais; mais de mémoire d'homme il n'avait été ouvert.

On me conduisit à cet endroit. La vieille porte occupait le centre d'une antique et très grosse tour, appelée *la torre de los Siete suelos,* ou des Sept étages. Elle est demeurée célèbre dans les légendes superstitieuses des habitants du pays, comme hantée par des fantômes et livrée aux enchantements des Maures.

Cette tour, autrefois redoutable, n'est plus qu'une ruine, depuis que les Français l'éventrèrent d'un coup de mine, en quittant la forteresse. D'énormes fragments de murailles gisent alentour, recouverts d'un épais manteau de verdure et à moitié cachés par les vignes et les figuiers. La voûte de l'entrée, bien que fendue par le choc de la mine, est encore debout; et le dernier vœu du pauvre Boabdil, grâce au hasard, n'a pas cessé d'être accompli, car la porte, obstruée par l'amoncellement des débris, reste toujours impraticable.

Marchant sur les traces du monarque musulman, selon les données de la tradition, je traversai à cheval la montagne de *los Martiros* en suivant le jardin du couvent de ce nom; puis je descendis au fond d'un ravin rocailleux, encombré de fourrés d'aloès et de figuiers d'Inde, et bordé de cavernes et de repaires où fourmillaient les bohémiens. C'est le chemin que suivit Boabdil pour éviter de traverser Grenade. La descente était si

« Vous avez raison de pleurer comme une femme ce royaume que vous n'avez pas su défendre comme un homme ! »

escarpée et si raboteuse, qu'il me fallut mettre pied à terre et conduire mon cheval par la bride.

Un fois sorti du ravin, et après avoir dépassé la *puerta de los Molinos,* ou « porte des Moulins », j'arrivai sur la promenade publique du Prado; puis, en suivant les bords du Xenil, j'atteignis une petite mosquée arabe, devenue maintenant l'ermitage ou la chapelle de Saint-Sébastien. Une tablette, insérée dans le mur, rappelle que Boabdil remit en cet endroit les clefs de Grenade aux monarques castillans.

De là je parcourus lentement la Vega jusqu'à un petit hameau où ce malheureux roi était attendu par sa famille et les officiers de sa maison, qu'il avait fait sortir de l'Alhambra la veille au soir, afin que sa mère et sa femme ne fussent point exposées à l'humiliation qui lui était réservée et aux regards méprisants des vainqueurs.

Suivant toujours les pas de cette famille royale tristement exilée, j'arrivai au pied d'une chaîne de collines arides et désolées qui forment la lisière des monts Alpuxarras.

Du sommet d'une de ces collines l'infortuné Boabdil contempla une dernière fois Grenade, et cet endroit conserve encore le nom expressif de *la cuesta de las Lagrimas,* « la montagne des Larmes. » Au delà s'étend un désert pierreux et aride, où se déroule un chemin sablonneux, dont l'aspect était doublement triste pour ce monarque détrôné qu'il devait conduire à l'exil.

Je lançai mon cheval à coup d'éperons jusque sur le haut de ce rocher, où Boabdil poussa un cri de désespoir en se détournant de Grenade, qu'il venait de saluer d'un dernier regard; on appelle encore cet endroit *el Ultimo Suspiro del Moro,* « le Dernier Soupir du Maure. » Qui pourrait s'étonner de la cruelle angoisse de Boabdil, chassé de ce beau royaume et de cette magnifique demeure? Avec l'Alhambra, il croyait perdre à la fois et l'honneur de sa race et les délices de la vie.

C'est là encore que son chagrin fut rendu plus amer par les reproches d'Ayxa, qui avait si souvent aidé son fils à l'heure du péril, et s'était vainement efforcée de faire passer dans son cœur l'ardeur et la virilité du sien. « Vous avez raison, lui dit-elle, de pleurer comme une femme ce royaume que vous n'avez pas su défendre comme un homme; » paroles inspirées plutôt par l'orgueil de la princesse que par la tendresse de la mère.

Lorsque cette anecdote fut rapportée à Charles-Quint par l'évêque Guevara, l'empereur exprima son mépris pour la faiblesse et l'indécision de Boabdil. « Si j'avais été à sa place, ou lui à la mienne, dit ce fier potentat, je me serais enseveli sous les ruines de l'Alhambra plutôt que de me résigner à vivre sans royaume dans les montagnes des Alpuxarras. »

Qu'il est facile, au comble de la puissance et de la prospérité, de prêcher l'héroïsme aux vaincus, et qu'on a de peine à comprendre le prix inestimable qu'attachent à la vie ceux dont elle constitue le dernier bien!

CHAPITRE XIV

LE BALCON

La fenêtre centrale de la salle des Ambassadeurs est ornée d'un balcon dont j'ai déjà parlé plus haut; pareil à une cage accrochée aux parois de la tour à une grande hauteur, il domine le sommet des arbres qui garnissent les flancs escarpés de la colline. C'est pour moi une sorte d'observatoire où je m'assieds souvent pour contempler non seulement l'immensité du ciel, mais le paysage environnant.

Outre le magnifique spectacle des montagnes, des vallées et de la Vega, les mille petits incidents de la vie humaine qui se passent à mes pieds n'attirent pas moins mon attention.

Au bas de la colline se trouve la promenade publique de l'Alameda; moins élégante que le splendide et plus moderne *paseo* du Xenil, elle n'en est pas moins fréquentée par une foule variée et pittoresque. Là se réunissent les petits bourgeois des faubourgs, les prêtres et les moines, les majos et les majas, les élégants des classes inférieures dans leur costume andalous, et des contrebandiers à la tournure audacieuse; parfois des personnages d'un rang plus élevé, soigneusement enveloppés dans de sombres manteaux, s'y donnent de mystérieux rendez-vous.

C'est une scène animée de la vie et des mœurs espagnoles que j'étudie avec délices; et de même que le naturaliste s'aide d'un microscope pour faciliter ses recherches, je me sers d'un télescope de poche qui rapproche tellement les visages des groupes variés réunis à mes pieds, que je m'imagine deviner leurs paroles à l'expression de leurs traits. Observateur invisible, je puis en un instant me plonger au milieu de la société; rare avantage pour un homme aussi timide

Une rue de Grenade.

et pacifique que moi, et fort curieux d'observer le drame de la vie sans avoir à descendre sur la scène.

Un faubourg considérable s'étend au bas de l'Alhambra, envahit la gorge étroite de la vallée, et remonte sur la pente opposée de l'Albaycin. Beaucoup de maisons sont construites dans le style mauresque, autour

d'un *patio,* ou cour intérieure, rafraîchi
par des fontaines et découvert du haut; et
comme les habitants, pendant la belle saison,
passent presque tout leur temps à l'abri de
ces patios ou sur les toits en terrasse, il est
fort aisé à un spectateur aérien, qui les re-
garde, pour ainsi dire, du haut des nuages,
de découvrir les plus mystérieux secrets de
leur vie domestique.

Je jouis en quelque sorte du même privilège que cet étudiant fameux d'un vieux conte
espagnol, en faveur duquel tous les toits de
Madrid furent enlevés; Mateo Ximenes, mon
loquace écuyer, remplit auprès de moi le
rôle d'Asmodée, et me raconte mille anecdotes concernant les différentes maisons et
leurs occupants.

Néanmoins je préfère m'abandonner aux
conjectures de mon imagination, et je puis
passer ainsi des heures entières occupé à
former, de tous les petits incidents si indis-
crètement surpris, la trame compliquée des
projets et des intrigues des pauvres mortels
qui s'agitent à mes pieds.

Parmi toutes les figures charmantes ou

les types originaux que j'aperçois chaque jour, il n'y en a pas un dont je n'aie réussi à faire le héros de quelque aventure extraordinaire; mais bien souvent mes acteurs de fantaisie s'écartent du rôle que je leur assigne et amènent la ruine du drame si péniblement échafaudé.

De temps à autre je m'amuse à observer du haut de mon balcon les modifications que les différentes heures du jour apportent graduellement aux scènes variées qui se passent à mes pieds.

A peine l'aube a-t-elle blanchi l'horizon, et au chant matinal des coqs qui s'éveillent au milieu des habitations rustiques bâties au penchant de la colline, les faubourgs reprennent leur animation, car les premières heures des journées d'été sont précieuses dans les climats chauds.

Tout le monde est préoccupé de se livrer à son travail avant le lever du soleil. Le muletier fait sortir de l'écurie ses mules toutes chargées pour le voyage; le voyageur suspend sa carabine derrière sa selle, et enfourche son cheval à la porte de l'au berge; le paysan au teint bruni excite ses bêtes chargées de paniers remplis de fruits dorés par le soleil et de légumes encore couverts de rosée, et les ménagères diligentes se hâtent de se mettre en route pour le marché.

Le soleil a paru, et déjà ses rayons inondent la vallée et font resplendir le feuillage transparent des bosquets. La cloche des matines résonne mélodieusement dans l'atmosphère si pure à cette heure matinale et annonce l'heure de la prière. A ce signal le muletier arrête ses animaux pesamment chargés devant la porte de la chapelle, rejette son bâton dans sa ceinture, ôte son chapeau en lissant ses cheveux noirs, et se dispose à entendre la messe avec dévotion, afin d'obtenir un heureux passage à travers la Sierra.

A mesure que la matinée s'avance, le bruit du travail devient plus sensible de toutes parts; les rues sont encombrées d'hommes, de chevaux et de bêtes de somme, et toute cette agitation produit un sourd murmure pareil au grondement de l'Océan. L'ardeur

Sur la colline de l'Albaycin.

toujours croissante du soleil atténue peu à peu ce tumulte et ce mouvement de la vie; à midi, tout s'arrête. La ville, haletante, se tait comme épuisée par la chaleur, et durant plusieurs heures le repos est général. Les fenêtres sont closes, les rideaux tirés et les habitants réfugiés dans l'endroit le plus frais de leurs demeures.

Le portefaix dort profondément, couché sur le pavé à côté de son fardeau délaissé; le paysan et le laboureur reposent sous les arbres de l'Alameda, bercés par le cri monotone des sauterelles. Les rues sont désertes; seul le porteur d'eau vous cause une sensation de fraîcheur en proclamant à haute voix les mérites de sa marchandise, « pure comme le cristal et aussi froide que la neige des montagnes. »

A l'heure où le soleil commence à baisser sur l'horizon, il se produit graduellement une résurrection universelle, et, au dernier appel jeté par la cloche des vêpres, toute la nature paraît saluer avec joie le départ du tyran du jour. C'est alors que commence l'agitation du plaisir; les habitants quittent leurs maisons, se répandent au dehors pour respirer la brise du soir, et vont se distraire, pendant les courts instants du crépuscule, au milieu des jardins échelonnés sur les bords du Darro et du Xenil.

Une fois la nuit venue, cette scène capricieuse revêt un nouvel aspect. Les lumières apparaissent les unes après les autres; ici un balcon s'éclaire discrètement; là une lampe votive brûle devant l'image d'un saint. Par degrés la cité se dégage de l'obscurité qui l'envahit, et ses feux étincellent çà et là comme les étoiles au firmament. Alors, du fond des cours et des jardins, de la profondeur des rues et des ruelles, le ronflement d'innombrables guitares et le cliquetis des castagnettes montent jusqu'à mon oreille, en formant à la hauteur où je me trouve un immense concert de sons indistincts et bizarres.

J'étais assis un soir à mon balcon, respirant la brise légère qui frôlait avec un doux murmure le sommet des arbres en glissant le long des flancs de la colline, lorsque mon humble historiographe Mateo, debout à mes côtés, me désigna une maison spacieuse, située dans une rue fort obscure de l'Albaycin, au sujet de laquelle il me raconta, autant que je puis m'en souvenir, l'anecdote suivante.

CHAPITRE XV

L'AVENTURE DU MAÇON

Il existait autrefois à Grenade un pauvre maçon, fidèle observateur de toutes les fêtes des saints, y compris saint Lundi; malgré cette dévotion, il devenait chaque jour plus pauvre et gagnait à peine le pain de sa nombreuse famille. Une nuit, il fut réveillé en sursaut par un coup violent frappé à sa porte. Il ouvrit aussitôt et se trouva en présence d'un vieillard de haute taille, dont la figure osseuse avait la pâleur d'un cadavre.

« Mon bon ami, dit l'inconnu, j'ai remarqué que vous étiez un excellent chrétien et un homme discret; voulez-vous entreprendre un travail cette nuit même?

— De tout mon cœur, Señor, mais à condition que je serai payé en conséquence.

— Vous le serez; mais il est nécessaire de vous laisser bander les yeux. »

A cela le maçon n'objecta rien; aussi, soigneusement aveuglé, fut-il conduit par son guide à travers d'innombrables ruelles et de tortueux passages; puis ils s'arrêtèrent devant l'entrée d'une maison. Le vieillard, à l'aide d'une clef qui grinça dans la serrure, ouvrit une lourde porte, dont l'épaisseur devait être peu ordinaire. Une fois admis, et la porte refermée et barrée, le maçon parcourut une galerie sonore et une vaste salle, jusqu'à la partie intérieure de l'édifice.

Là on lui enleva son bandeau, et il se trouva dans un *patio* faiblement éclairé par la lueur d'une lampe solitaire. Au centre on apercevait la vasque desséchée d'une antique fontaine mauresque, sous laquelle l'inconnu le pria de construire un petit caveau à l'aide des briques et de la chaux

Ce fut à grand'peine qu'ils parvinrent à déposer les jarres dans la tombe.

préparés d'avance. Notre homme travailla donc toute la nuit, mais sans pouvoir finir son ouvrage. A l'aube, le mystérieux propriétaire de la maison lui mit une pièce d'or dans la main, et, après lui avoir encore une fois bandé les yeux, le reconduisit à son logis.

« Êtes-vous disposé, lui dit-il, à terminer votre travail?

— Très volontiers, Señor, pourvu que je sois toujours aussi généreusement payé.

— Eh bien, demain, à minuit, je reviendrai vous prendre. »

Ce qui fut fait, et le caveau s'acheva sans encombre.

« Maintenant, dit l'inconnu, il faut m'aider à transporter les corps qui doivent être ensevelis sous cette voûte. »

A ces paroles, les cheveux du pauvre maçon se hérissèrent; il suivit le vieillard en tremblant dans une salle intérieure, s'attendant à y contempler l'affreux spectacle de la mort; mais il fut considérablement soulagé en n'apercevant que trois ou quatre énormes jarres debout dans un coin. A n'en pas douter, leurs flancs arrondis contenaient de l'or, car ce fut à grand'peine qu'ils parvinrent à les déposer dans la tombe. Le caveau fut ensuite muré, les dalles replacées, et les moindres traces de cette opération mystérieuse soigneusement dissimulées.

Le maçon, les yeux toujours bandés, parcourut une route différente de celle qui l'avait amené. Après avoir longtemps erré dans un labyrinthe inextricable de ruelles et d'allées, ils s'arrêtèrent. Le vieillard lui mit alors deux pièces d'or dans la main et ajouta : « Attendez ici que les cloches de la cathédrale sonnent les matines; si vous osez découvrir vos yeux auparavant, malheur à vous! » Après ces paroles il disparut. Le maçon attendit fidèlement, en s'amusant à soupeser les pièces d'or dans sa main et à les faire sonner joyeusement l'une contre l'autre. Aussitôt que la cathédrale donna le signal convenu, il se découvrit les yeux, et se trouva sur les bords du Xenil, d'où il regagna facilement son logis; là il fit bombance avec sa famille pendant les quinze jours que dura le gain inespéré de ses deux nuits de travail; puis il redevint aussi pauvre qu'auparavant.

Il continua donc à travailler modérément, non sans observer scrupuleusement les jours de fête; à ce régime, les membres de sa famille devinrent aussi efflanqués et déguenillés qu'une troupe de bohémiens. Un jour qu'il était assis à la porte de son taudis, il fut abordé par un vieux et riche avare, bien connu par le grand nombre de ses maisons, qu'il exploitait âprement. Cet adorateur du veau d'or fixa un instant sur lui deux yeux interrogateurs, surmontés de sourcils en broussailles.

« Il paraît, mon ami, que vous êtes très pauvre ?

— Il serait difficile de le nier, Señor, cela saute aux yeux.

— Sans doute vous seriez heureux d'avoir du travail, et vous l'exécuteriez à bon compte ?

— Maître, je ne vous prendrai pas plus cher que n'importe quel autre maçon de Grenade.

— C'est ce qu'il me faut. Je possède une

vieille maison délabrée, qui me coûte plus d'argent qu'elle ne vaut en réparations, car personne ne la veut habiter; il faut donc que je la répare tant bien que mal, au meilleur marché possible, afin de l'empêcher de tomber en ruines. »

Le maçon fut donc conduit à un vaste logis solitaire qui semblait prêt à s'écrouler. Après avoir traversé diverses salles entièrement vides, il entra dans une cour intérieure, où une antique fontaine mauresque attira ses regards. Il s'arrêta un instant, car de vagues souvenirs de cet endroit lui revenaient à l'esprit.

« Dites-moi, je vous prie, demanda-t-il au vieil harpagon, quelle est la personne qui occupait autrefois ce logis?

— Que le diable l'emporte! répondit le propriétaire, c'était un vieux *procurador* avare qui ne pensait qu'à lui. On le disait immensément riche, et, comme il n'avait point de parents, ses trésors semblaient destinés à l'État. Il mourut subitement; aussitôt les gens de loi se présentèrent en foule pour recueillir son héritage, mais ils ne purent trouver que quelques ducats au fond d'une vieille bourse de cuir.

« Je suis encore le plus mal partagé, car, depuis sa mort, ce misérable coquin n'a pas cessé d'habiter ma maison sans payer de loyer, et il est bien difficile d'intenter un procès contre un mort. Les gens s'imaginent entendre résonner le cliquetis de l'or dans la chambre à coucher, comme s'il était toujours occupé à compter ses ducats, et de temps à autre des plaintes et des gémissements retentir dans la cour. Que ces histoires soient vraies ou fausses, elles n'ont pas moins discrédité ce logis, que tout le monde fuit comme la peste.

— Cela suffit, répondit le maçon avec assurance ; laissez-moi vivre gratuitement dans votre maison jusqu'à ce qu'il se présente un meilleur locataire ; je m'engage à la réparer et à mettre à la raison le fantôme qui la visite. Je suis un bon chrétien et un pauvre homme ; mais le diable ne me ferait pas peur, quand bien même il se présenterait à moi sous la forme d'un gros sac d'argent. »

L'offre de l'honnête maçon fut acceptée

avec joie; il s'installa donc avec sa famille dans la maison et remplit fidèlement ses promesses. Peu à peu la vieille demeure reprit son ancien aspect; l'or ne se fit plus entendre, la nuit, dans la chambre du *procurador* défunt, mais se mit à sonner joyeusement, pendant le jour, dans la poche du maçon bon vivant. En un mot, sa fortune s'accrut rapidement, à l'admiration de ses voisins, et il devint un des plus riches citoyens de Grenade. Il fit de larges aumônes à l'Église, sans doute afin de tranquilliser sa conscience, et ne révéla le secret du caveau à son fils et son héritier qu'au moment où il se vit sur son lit de mort.

CHAPITRE XVI

EXCURSION DANS LA MONTAGNE

Vers la fin du jour, quand le soleil a perdu de sa force, je m'accorde souvent le plaisir de faire de longues courses dans les montagnes voisines et les vallées ombreuses et profondes, accompagné de mon savant écuyer Mateo, auquel je donne alors licence complète de s'abandonner à sa passion de bavarder. Il n'y a pas un rocher, un débris, une fontaine en ruines, un vallon solitaire, qui ne lui suggère de merveilleuses histoires, et surtout quelques belles et curieuses légendes de richesses disparues ; car jamais pauvre diable n'a dispensé avec plus de munificence les trésors mystérieusement enfouis.

Il y a quelques soirs, nous avions entrepris une petite expédition de ce genre, durant laquelle Mateo se montra, s'il est possible, encore plus communicatif qu'à l'ordinaire. Vers le coucher du soleil, nous franchîmes la grande porte de la Justice, et nous étions en train de gravir une allée d'arbres, lorsque Mateo s'arrêta à l'ombre d'un bouquet de figuiers et de grenadiers, au pied de la grosse tour en ruines de *los Siete Suelos* ou des Sept-Étages. Là, m'indiquant du doigt, dans les fondations de la tour, une petite voûte surbaissée, il m'apprit qu'un fantôme ou spectre monstrueux hantait cette tour depuis l'époque des Maures, et y gardait les riches trésors d'un roi musulman. Parfois il s'élance au milieu de la nuit et parcourt les avenues de l'Alhambra et les rues de Grenade, sous la forme d'un cheval sans tête, poursuivi par six chiens qui poussent d'affreux hurlements.

« L'avez-vous jamais rencontré dans vos promenades? demandai-je à Mateo.

— Non, Señor, Dieu merci! Mais mon grand-père, le tailleur, connaissait plusieurs personnes qui l'avaient vu; car il sortait plus souvent autrefois, tantôt sous une forme, tantôt sous une autre. Il n'existe pas un habitant de Grenade qui n'ait entendu parler du *Velludo* (le Velu); les vieilles femmes et les nourrices en ont fait un épouvantail pour les enfants qui crient. Quelques-uns prétendent que c'est l'esprit d'un roi maure très cruel, meurtrier de ses six fils, enterrés sous ces voûtes, et dont les ombres se vengent en venant chaque nuit troubler son sommeil. »

Je supprime les merveilleux détails prodigués par le naïf Mateo sur ce redoutable fantôme, héros favori, depuis un temps immémorial, de tous les contes d'enfants et des traditions populaires de Grenade ; un ancien et très savant antiquaire en fait même une mention fort honorable dans son histoire descriptive du pays. Je me permettrai seulement d'ajouter qu'au bas de cette tour s'ouvrait précisément la porte franchie par Boabdil quand il se résigna à livrer sa capitale.

Laissant derrière nous ce monument si célèbre, nous reprenons notre course le long des riches vergers du Generalife, où deux ou trois rossignols chantaient à gorge déployée. Derrière ces vergers nous passons devant plusieurs réservoirs d'eau construits par les Arabes, et munis d'une porte creusée dans le roc vif de la montagne. Ces réservoirs, selon les informations de Mateo, étaient l'endroit favori où il avait coutume de se baigner dans son enfance, avec ses camarades, jusqu'au moment où ils furent terrifiés par l'histoire qu'on leur rapporta d'un Maure hideux qui sortait par cette porte du rocher pour surprendre les baigneurs imprudents.

Après avoir dépassé ces réservoirs magiques peuplés de fantômes, nous gravissons un sentier tortueux et solitaire tracé par les mules ; bientôt nous arrivons au milieu de montagnes tristes et sauvages, dépourvues d'arbres et marbrées à certaines places d'une misérable verdure. Aussi loin que pouvaient s'étendre nos regards, tout se montrait si stérile et si nu, qu'il nous semblait impossible de croire à l'existence du Generalife laissé à si peu de distance en arrière, avec ses vergers embaumés et ses jardins en terrasses, à deux pas de cette merveilleuse

Grenade, la ville par excellence des bosquets et des fontaines. Tels sont les contrastes offerts par la nature dans ce sol de l'Espagne, sauvage et désolé dès que la main de l'homme lui refuse la culture; le désert aride et le jardin fertile y apparaissent toujours côte à côte.

D'après Mateo, l'étroit défilé que nous traversons s'appelle *el barranco de la Tinaja*, ou le ravin de la Cruche, en souvenir d'une jarre remplie d'or arabe que l'on y découvrit autrefois. La cervelle de ce pauvre Mateo est toujours hantée par ces légendes dorées.

« Mais que signifie cette croix, placée là-bas sur ce tas de pierres, dans cette partie étroite du ravin?

— Oh! rien. Un muletier a été assassiné ici il y a plusieurs années.

— Comment! Mateo, vous avez des voleurs et des assassins aux portes mêmes de l'Alhambra?

— Pas maintenant, Señor; mais il y avait autrefois, dans les environs de la forteresse, beaucoup de rôdeurs dangereux dont on s'est entièrement débarrassé. Il est vrai que bon nombre des bohémiens établis dans les cavernes des collines, près de l'Alhambra, ne valent pas grand'chose. Mais il y a longtemps qu'on n'a entendu parler d'un meurtre; quant à l'assassin du muletier, il a été pendu dans la forteresse. »

Notre sentier continuait à gravir le ravin; à notre gauche se dressait un rocher abrupt, appelé *la Silla del Moro,* ou Chaise du Maure ; selon la tradition déjà citée, Boabdil, chassé par une insurrection populaire, se réfugia en cet endroit, et demeura tout le jour assis sur la pointe de ce roc escarpé, les yeux tristement fixés sur sa cité rebelle.

Enfin nous atteignons la partie la plus haute de ce promontoire qui domine Grenade et porte le nom de *cerro del Sol,* montagne du Soleil. La nuit approchait à grands pas, et les rayons du soleil couchant doraient encore le sommet des pics les plus élevés. Çà et là un berger solitaire se hâte de faire descendre à son troupeau les flancs de la montagne, afin de le mettre pour la nuit à l'abri de la bergerie; ou un muletier, pressé d'arriver aux portes de la ville avant la chute du jour, excite ses animaux attardés dans un sentier rocailleux.

En ce moment, la voix grave et solennelle du bourdon de la cathédrale, répercutée par les échos, monta jusqu'à nous du fond des vallées et des ravins et proclama l'heure de *la oracion;* aussitôt les cloches du beffroi et les voix plus grêles de celles des couvents de la montagne lui répondirent à l'envi. A ce signal, le pâtre dans sa bergerie, et le muletier au milieu de la route, s'arrêtent d'un commun instinct, et tête nue, immobiles pendant quelque temps, récitent dévotement la prière du soir. La coutume d'avertir ainsi par une sonnerie mélodieuse les habitants d'un même pays que l'heure est venue d'unir leurs cœurs, et d'offrir à Dieu le tribut de leurs actions de grâces pour les bienfaits de la journée, a quelque chose de touchant et de solennel. Une atmosphère de pieux recueillement semble envahir un instant la région tout entière, et le spectacle du soleil se couchant dans tout l'état de sa gloire augmente l'effet grandiose de cette scène imposante.

Le caractère sauvage et solitaire de cet endroit augmentait la vivacité de nos impressions. Car nous étions arrêtés sur le sommet nu et escarpé de la montagne du Soleil, où des étangs et des citernes en ruines et les fondations de vastes bâtiments, maintenant silencieux et déserts, rappellent le souvenir des nombreux habitants qui les animaient autrefois.

Tandis que nous errions au milieu de ces vestiges des temps anciens, Mateo me désigna une ouverture circulaire qui semblait pénétrer jusque dans les entrailles de la montagne. Évidemment c'était un de ces puits profonds dus au labeur des Maures, infatigables à rechercher leur élément favori dans toute sa pureté. Néanmoins Mateo me tenait en réserve une histoire bien différente et beaucoup plus conforme à ses idées. Selon la tradition, il fallait voir dans ce puits l'entrée des passages souterrains où Boabdil et toute sa cour, retenus par un pouvoir magique, n'en sortaient que la nuit, à certaines époques, pour visiter leur ancienne demeure.

L'arrivée du crépuscule, si court en ce climat, nous avertit d'avoir à quitter cette région enchantée. Comme nous descendions les défilés de la montagne, le pasteur et le muletier ne se montraient plus à nos regards; le bruit de nos pas et le cri du grillon solitaire résonnaient seuls au milieu d'un silence solennel. Une ombre de plus en plus épaisse recouvrait les vallées, et l'obscurité nous enveloppait de toutes parts. Le sommet élevé de la Sierra-Nevada retenait encore un dernier reflet de lumière, et tous ses pics neigeux, nettement découpés sur le bleu sombre du ciel, s'étaient sensiblement rapprochés, grâce à l'extrême pureté de l'atmosphère.

« Comme la Sierra est près de nous ce soir! dit Mateo; il semble qu'on puisse la toucher de la main; cependant elle est éloignée de plusieurs lieues. » Il parlait encore, que sur la pointe neigeuse de la montagne apparut la seule étoile visible en ce moment, mais si pure, si grande, si étincelante et si belle, qu'elle arracha des cris d'admiration à l'honnête Mateo.

« *Que estrella hermosa! que clara y limpia es! no puede ser estrella mas brillante.*

« Quelle magnifique étoile ! quelle brillante clarté ! jamais étoile ne s'est montrée plus belle. »

J'ai plus d'une fois remarqué cette extrême sensibilité du peuple espagnol aux charmes de la nature. Le scintillement d'une étoile, la beauté ou le parfum d'une fleur, la pureté des eaux d'une fontaine, les jettent dans de véritables transports poétiques; et quels mots harmonieux ne trouvent-ils pas dans leur magnifique langage pour exprimer leur enthousiasme !

« Mais quelles sont ces lumières, Mateo, que je vois étinceler le long de la Sierra-Nevada, juste au-dessous de la région des neiges? On les prendrait pour des étoiles; pourtant elles sont moins brillantes et se montrent sur le versant obscur de la montagne.

— Señor, ce sont des feux allumés par les *neveros*, chargés de recueillir la glace et la neige pour l'approvisionnement de Grenade. Ils montent chaque après-midi, avec des ânes et des mules, et travaillent à tour de rôle; les uns se reposent et se chauffent auprès des feux, tandis que leurs camarades remplissent les paniers de glace. Puis ils redescendent la montagne de façon à se trouver aux portes de Grenade avant le lever du soleil. La Sierra-Nevada, Señor, est un énorme morceau de glace, placé au milieu de l'Andalousie afin de la tenir fraîche pendant l'été. »

Il faisait alors tout à fait sombre, et nous traversions le *barranco* où se trouve plantée la croix du muletier assassiné, lorsque j'aperçus plusieurs lumières s'agiter au loin, comme si elles venaient à notre rencontre dans le ravin. En approchant, nous reconnûmes des torches portées par des personnages étranges, vêtus de noir; une telle procession nous eût paru lugubre à n'importe quel moment, mais dans cet endroit sauvage et solitaire elle semblait effrayante.

Mateo s'approcha et me dit à voix basse que c'était un cortège funèbre conduisant un mort à un cimetière de la montagne.

Tandis que la procession défilait, la triste lueur des torches, se reflétant sur les traits rudes et le sombre costume des assistants, produisait un effet fantastique, mais qui devint absolument hideux lorsqu'elle éclaira le visage du cadavre, placé sur une bière découverte, selon l'usage espagnol. Je restai quelque temps immobile, les yeux fixés sur ce sinistre cortège, gravissant lentement le sombre ravin de la montagne. Il me rappelait cette vieille légende d'une troupe de démons qui emporta le corps d'un pécheur jusqu'au sommet du cratère de Stromboli.

« Ah ! Señor, s'écria Mateo, je pourrais vous raconter l'histoire d'une procession qui parcourut autrefois ces montagnes ; mais vous allez vous moquer de moi, en disant que c'est encore un des héritages de mon grand-père le tailleur.

— Pas du tout, Mateo ; rien ne me fait plus de plaisir qu'une histoire merveilleuse.

— Eh bien, Señor, il s'agit de ces hommes dont nous venons de parler, de ces *neveros* qui recueillent la neige dans la Sierra-Nevada.

« Vous saurez qu'à l'époque de mon grand-père, il y a bien des années, il exis-

Tio Nicolo se hâta de faire le signe de la croix.

tait un vieux bonhomme, appelé Tio Nicolo, qui redescendait une nuit la montagne, après avoir rempli les paniers de sa mule d'une bonne provision de neige et de glace.

« Se sentant un peu alourdi, il s'assit sur sa bête et ne tarda pas à s'endormir, en laissant branler sa tête deci et delà, tandis que sa vieille mule cheminait tranquillement sur le bord des précipices, et au fond des *barrancos* escarpés et pierreux, d'un pied aussi sûr qu'au milieu des plaines les plus unies.

« A la fin, Tio Nicolo se réveilla, regarda autour de lui et se frotta les yeux; en vérité, il y avait de quoi. La lune répandait une clarté presque aussi brillante que celle du jour. Il aperçut à ses pieds, non moins distinctement que je vous vois, Grenade et tous ses édifices, reluisant comme un plat d'argent aux rayons de la lune. Mais, ô miracle! ce n'était plus la ville qu'il avait quittée peu d'heures auparavant! Au lieu de la cathédrale, avec son dôme immense et ses tourelles, des églises avec leurs clochers, et des couvents avec leurs campaniles, tous surmontés de la sainte croix, ses yeux ne rencontraient que des mosquées arabes, des minarets et des coupoles où étincelait le croissant de Mahomet, tel qu'on le voit brodé sur les étendards de Barbarie. Eh bien, Señor, comme vous pouvez le supposer, Tio Nicolo demeura pétrifié à ce spectacle inattendu ; or, tandis qu'il contemplait la ville, une immense armée se mit à gravir la montagne, et ses nombreux bataillons, tantôt éclairés par la lune, tantôt ensevelis dans l'ombre, s'engagèrent dans les sinuosités des ravins. A mesure qu'elle approchait, il distinguait les cavaliers et les fantassins tous revêtus de l'armure des Arabes.

« Tio Nicolo s'efforça de leur céder la place ; mais sa vieille mule, tremblante de peur, refusa obstinément de faire un pas, car ces animaux muets, Señor, sont aussi bien frappés d'épouvante à la vue des apparitions que les pauvres humains.

« Enfin, Señor, cette armée de fantômes s'approcha ; les uns paraissaient souffler dans des trompettes, et les autres battre le tambour ou agiter des cymbales; mais pas un son ne venait rompre le silence de la nuit, et tous ces guerriers avaient la face aussi pâle que les acteurs du théâtre de Grenade. A l'arrière-garde, sur une mule blanche comme la neige, venait le grand inquisiteur d'Espagne, entre deux cavaliers maures au visage noir comme l'ébène. Tio Nicolo s'émerveilla fort de le voir en pareille compagnie; car le grand inquisiteur est célèbre par sa haine des Maures et aussi de tous les infidèles, juifs et hérétiques.

« Néanmoins Tio Nicolo se sentit réconforté en apercevant un si saint ecclésiastique dans son voisinage; il se hâta donc de faire le signe de la croix et de lui demander sa bénédiction, lorsque, *hombre!* (ami) il reçut un coup si bien appliqué, qu'il dégringola, en compagnie de sa vieille mule, le long d'une pente escarpée, et arriva promptement au fond d'un précipice.

« Tio Nicolo ne recouvra ses sens égarés que longtemps après le coucher du soleil, et se trouva étendu sur le lit un peu dur d'un ravin profond; sa mule broutait à ses côtés, et la neige de ses paniers avait depuis longtemps fondu au soleil. Il se traîna jusqu'à Grenade fort endolori et courbaturé, et ne se sentit pas de joie en retrouvant la ville telle qu'il la connaissait, avec ses églises chrétiennes et ses croix.

« Lorsqu'il voulut narrer son aventure de la nuit, on lui rit au nez; les uns prétendirent qu'il avait rêvé tout cela en dormant pesamment sur sa mule; les autres qu'il avait inventé lui-même toute cette histoire. Mais le plus étrange, Señor, et ce qui fit plus tard réfléchir un peu les gens, ce fut la mort du grand inquisiteur survenue dans la même année.

« J'ai souvent entendu mon grand-père, le tailleur, déclarer que l'apparition d'une armée fantastique emmenant le fantôme de ce haut dignitaire signifiait plus de choses que les gens ne l'imaginaient.

— Voulez-vous faire entendre, ami Mateo, qu'il y a dans les entrailles de ces montagnes une sorte de purgatoire mauresque où le grand inquisiteur a été entraîné ?

— A Dieu ne plaise! Señor, je ne sais rien de tout cela, et je rapporte seulement ce que je tiens de mon grand-père. »

Au moment où le digne Mateo terminait son récit, que j'ai considérablement abrégé, car il était entrelardé de commentaires innombrables et noyé dans de minutieux détails, nous arrivions à la porte de l'Alhambra.

CHAPITRE XVII

LES VISITEURS DE L'ALHAMBRA

Voilà près de trois mois que je me suis installé à l'Alhambra, et depuis cette époque le progrès de la saison y a causé plus d'un changement. A mon arrivée le mois de mai y étalait ses splendeurs; la verdure des arbres était fraîche et délicate; le grenadier n'avait pas encore entr'ouvert ses fleurs d'un rouge éblouissant; les vergers du Xenil et du Darro étaient en pleine floraison; les rochers se couvraient d'un réseau de plantes fleuries, et Grenade paraissait complètement entourée d'un océan de roses où d'innombrables rossignols donnaient nuit et jour de ravissants concerts.

L'approche de l'été a flétri la rose et imposé silence aux rossignols, et les rayons du soleil commencent à brûler et à dessécher la région la plus éloignée ; tandis qu'une verdure éternelle environne la cité et embellit les vallées étroites et profondes, au pied des montagnes couvertes de neige.

L'Alhambra offre toujours des retraites dont la fraîcheur graduée les rend inaccessibles à la chaleur croissante de l'été ; les plus remarquables sont les salles presque souterraines réservées aux bains. Malgré les ravages du temps, elles conservent leur ancien caractère oriental.

Une petite cour, autrefois ornée de fleurs, précède une pièce de dimensions modérées, mais d'une architecture aussi légère que gracieuse ; elle est entourée d'une petite galerie que soutiennent des colonnes de marbre, reliées à des arcs mauresques ; au centre, une fontaine d'albâtre n'a pas cessé de jaillir et de rafraîchir l'air.

De chaque côté sont de profondes alcôves,

élevées sur une plate-forme où les baigneurs, étendus sur des coussins après leurs ablutions, ne tardaient pas à se sentir voluptueusement assoupis par l'atmosphère parfumée et les sons harmonieux de la musique exécutée dans la galerie.

Derrière cette salle on trouve des chambres intérieures d'un caractère encore plus intime, où la lumière ne pénètre que par de très étroites ouvertures pratiquées à la voûte. C'est là que les femmes arabes se livraient aux délices du bain; il y règne un demi-jour incertain, et l'on retrouve encore des fragments de baignoires et les traces d'anciennes décorations fort élégantes.

Ce réduit obscur et silencieux est le refuge de prédilection des chauves-souris, qui se réunissent pendant le jour dans les coins les plus sombres; si on les dérange, leur vol mystérieux dans cette lumière crépusculaire rend plus saisissante l'inexprimable tristesse de ces salles délabrées et solitaires.

C'est au fond de cette retraite, élégante malgré ses ruines, mais aussi froide et solitaire qu'une grotte, que j'ai passé les heures accablantes de ces derniers jours; je n'en sortais que vers le coucher du soleil; puis le soir je me baignais, ou plutôt j'allais nager dans le grand réservoir de la cour principale. Ces précautions me permirent de lutter contre l'influence énervante du climat.

Mon rêve de souveraineté absolue sur l'Alhambra vient de s'évanouir brusquement, et les détonations des armes à feu, répercutées par les tours, retentissent dans les airs comme si la vieille forteresse venait d'être encore une fois prise d'assaut. En sortant de mon logis, je trouvai un vénérable gentilhomme et ses domestiques en possession de la salle des Ambassadeurs. C'était un vieux comte, qui avait quitté son palais de Grenade afin de respirer pendant quelque temps l'air plus pur de l'Alhambra; enragé chasseur, il s'efforçait de gagner un peu d'appétit pour le déjeuner en tirant du balcon sur les pauvres hirondelles.

La récréation était fort innocente; car, en dépit de l'activité de ses serviteurs, qui rechargeaient ses fusils sans relâche, pas une hirondelle ne succombait à ses coups multipliés. Bien plus, les oiseaux eux-mêmes semblaient se prêter à ce divertissement et se moquer de sa maladresse en décrivant de grands cercles sous son nez, non sans lui jeter au passage un cri fort impertinent.

L'arrivée de ce vieux gentilhomme a un peu changé la face des choses, et ouvert le champ aux plus intéressantes suppositions.

A l'exemple des derniers rois de Grenade, nous avons tacitement divisé entre nous l'empire du palais, sans porter aucune atteinte à notre alliance amicale. Son pouvoir est absolu sur la cour des Lions et les salles voisines, tandis que je conserve la possession paisible de la région des bains et du petit jardin de Lindaraxa.

Nous prenons nos repas ensemble, sous les arcades de la cour, rafraîchie par l'eau des fontaines et par les ruisseaux qui coulent en murmurant dans les canaux ménagés au milieu du pavé de marbre.

Le soir, un cercle de famille se réunit autour du digne gentilhomme. La comtesse revient alors de la ville avec sa fille préférée, âgée d'environ seize ans; puis arrivent les différents membres de la maison du comte, le chapelain, l'homme d'affaires, le secrétaire, l'intendant et tous les autres officiers ou agents de ses vastes propriétés.

Il tient ainsi une sorte de petite cour domestique où chacun s'efforce de contribuer à son amusement, sans sacrifier son propre plaisir ou sa dignité.

En réalité, et malgré tout ce qu'on a pu dire de l'orgueil espagnol, on n'en voit certainement aucune trace dans la vie sociale ou domestique. Chez aucun peuple les relations ne sont plus cordiales entre les parents, plus franches et naturelles entre le maître et ses inférieurs ; les provinces d'Espagne offrent encore plus d'un exemple de cette simplicité de vie si vantée des temps anciens.

La figure la plus intéressante de ce groupe de famille est la fille du comte, la charmante

Carmen, encore parée de toutes les grâces de l'enfance. Sa taille, à peine formée, a déjà la gracieuse souplesse particulière aux femmes de ce pays ; ses yeux bleus, son teint clair et ses cheveux blonds sont une rareté en Andalousie, et donnent à ses traits une expression de douceur qui contraste étrangement avec le feu et l'ardeur des beautés espagnoles, mais qui s'allie parfaitement avec la naïve confiance et l'innocence de son caractère. Néanmoins elle n'est pas pour cela moins douée de toutes les aptitudes et de la mobilité si attrayante de ses compatriotes : elle chante, elle danse et joue de la guitare et des autres instruments avec une rare perfection.

Peu de jours après s'être installé à l'Alhambra, le comte, pour célébrer l'anniversaire du saint dont il porte le nom, donna une petite fête de famille où il réunit tous ses parents, les employés de sa maison, et jusqu'à de vieux serviteurs qui vinrent de propriétés éloignées lui offrir leurs hommages, et prendre leur part de la bonne chère.

Ces habitudes patriarcales, qui caractérisèrent la noblesse espagnole aux jours de son opulence, ont décliné avec sa fortune. Mais quelques gentilshommes, à l'exemple du comte, encore pourvus des antiques possessions territoriales de leurs ancêtres, n'ont point répudié toutes ces respectables coutumes, et laissent des générations de serviteurs inutiles encombrer leurs terres et en dévorer presque les revenus.

Selon cet ancien et grandiose système, maintenu par orgueil national autant que par générosité d'âme, un serviteur âgé se transforme inévitablement en un pensionnaire à vie; bien plus, ses enfants, ses petits-enfants, et ses parents dans toutes les branches, réussissent peu à peu à s'imposer à la famille.

Aussi les vastes palais de la noblesse espagnole, dont la fastueuse immensité contraste étrangement avec la pauvreté de leurs meubles, étaient-ils à peine suffisants, à l'époque de la grande richesse de l'Espagne, pour permettre aux grands seigneurs de se conformer à ces habitudes patriarcales. Ce n'étaient guère que de grandes casernes, envahies par une armée de subalternes qui s'engraissaient aux dépens de leur noble maître.

Le digne comte, possesseur de châteaux en diverses provinces du royaume, m'affirme que la plupart suffisent à peine à nourrir les hordes de ces locataires improvisés qui s'attribuent le droit d'être hébergés gratuitement, par ce seul motif que leurs ancêtres le furent durant plusieurs générations.

La petite fête domestique du comte interrompit le calme habituel de notre existence à l'Alhambra ; les éclats de rire et la musique retentissaient dans les salles, auparavant silencieuses, et des groupes d'invités se récréaient dans les galeries et les jardins. Les domestiques, pliant sous le poids des provisions rapportées de la ville, traversaient rapidement les cours ; et la cuisine, envahie par la foule des cuisiniers et des marmitons empressés autour des feux étincelants, avait retrouvé l'animation des anciens jours.

Le festin, — car, en Espagne, un dîner d'apparat mérite toujours le nom de festin, — avait été préparé dans la magnifique salle mauresque appelée la *sala de las Dos Hermanas* (salle des Deux-Sœurs); la table était surchargée de mets, et les convives montraient la plus franche gaieté; bien que les Espagnols soient un peuple très sobre, à l'occasion ils ne dédaignent point un bon repas.

Pour moi, j'éprouvais un charme particulier à me trouver assis, dans une des salles royales de l'Alhambra, à ce banquet offert par le représentant de l'un des plus célèbres conquérants du palais. Car le vénérable comte, en dépit de son air pacifique, est le descendant en ligne directe du « grand capitaine », l'illustre Gonzalve de Cordoue, dont il garde précieusement l'épée dans les archives de son palais de Grenade.

Mais l'intelligente petite Carmen était véritablement l'âme et la vie de cette réunion. Elle joua un rôle dans deux ou trois scènes de comédies espagnoles, où elle fit preuve d'un talent dramatique réel, et nous divertit par de très heureuses et amusantes parodies des plus célèbres chanteurs italiens; puis imita le dialecte, les danses et les ballades des bohémiens et des paysans. On ne saurait se faire une idée de l'aisance, de la grâce élégante et du charme séducteur de chacun des mouvements de cette ravissante petite fée.

En véritable enfant, elle ne se doutait pas de son talent, dont elle ne déploie les ressources que pour l'amusement d'un petit cercle d'intimes.

Elle est certainement douée d'un esprit d'observation et d'un tact remarquables, car sa vie se passe tout entière au sein de sa famille; ce qui ne lui a permis que d'entrevoir les types variés et les épisodes *improvisés* par elle avec tant de goût au milieu d'une petite fête domestique, comme celle à laquelle nous venions de prendre part. J'étais aussi touché en voyant l'affectueuse admiration de toutes les personnes de la maison pour cette charmante enfant; pas un serviteur même ne l'appellera autrement que

« la Niña »; expression qui a un sens particulièrement doux et tendre dans la langue espagnole.

Jamais je ne penserai à l'Alhambra sans

revoir l'image de la gracieuse petite Carmen jouant, au milieu des salles de marbre, avec toute l'insouciance et l'innocence de son âge, dansant gaiement au son des castagnettes arabes, et mêlant sa voix harmonieuse au doux murmure des fontaines.

A l'occasion de cette petite fête on rappela

d'anciennes traditions et quelques légendes fort divertissantes; la plupart sont sorties de ma mémoire, mais je veux offrir au lecteur une de celles qui m'ont le plus vivement frappé.

CHAPITRE XVIII

LÉGENDE DE L'HÉRITAGE DU MAURE

Dans l'enceinte même de la forteresse de l'Alhambra, au pied du palais royal, s'étend une vaste esplanade nommée place des Citernes (*plaza de los Algibes*), parce qu'elle recouvre les réservoirs cachés à la vue, qui remontent à l'époque des Maures. Au coin de cette esplanade on voit un puits mauresque, taillé à une grande profondeur dans le roc vif, et dont l'eau, froide comme la glace, est aussi limpide que le cristal. Les puits creusés par les Arabes ont toujours joui d'une grande réputation, car on sait toute la peine qu'ils se donnaient pour atteindre les sources les plus pures. Celui dont nous parlons est tellement célèbre dans tout Grenade, que les porteurs d'eau, les épaules pliant sous d'énormes jarres, ou chassant devant eux des ânes chargés de cruches en terre, montent et descendent sans relâche les avenues escarpées et ombreuses de l'Alhambra, depuis l'aube du jour jusqu'à une heure fort avancée de la nuit.

Dès les temps bibliques les fontaines et les sources ont toujours été, dans les climats chauds, un lieu de réunion et de bavardage; autour du puits dont nous parlons, les invalides, les vieilles femmes et tous les gens désœuvrés et curieux de la forteresse ont installé une sorte de club qui fonctionne du matin au soir. Assis sur des bancs de pierre, à l'ombre de la toile qui abrite l'employé chargé de percevoir les droits de puisage, ces dignes personnages s'entretiennent de tous les petits événements de la forteresse, demandent aux porteurs d'eau les nouvelles de la ville, et se livrent à d'interminables commentaires sur tout ce qu'ils voient ou entendent. Pas une heure de la journée qui ne présente le spectacle de ménagères oisives ou de paresseuses servantes, immobiles, la cruche sur la tête ou à la main, attendant le dernier mot des cancans de cette réunion de bavards.

Parmi les porteurs d'eau qui fréquentaient autrefois ce puits fameux, on remarquait un petit homme trapu, bancal, au dos large et solide comme un roc, appelé Pedro Gil, et par abréviation Peregil. En sa qualité de *Gallego* (Galicien), il était nécessairement porteur d'eau. La nature semble avoir destiné certaines races d'hommes, comme celles des animaux, aux travaux les plus variés. En France, les décrotteurs sont tous Savoyards, et les portiers d'hôtel ne se recrutent qu'en Suisse; à l'époque des paniers et de la poudre, en Angleterre, les Irlandais, aux jambes endurcies à la course, étaient seuls capables de soulever comme il faut une chaise à porteurs. De même, en Espagne, les porteurs d'eau et de fardeaux sont tous de vigoureux enfants de la Galice. Personne ne dit : « Cherchez-moi un portefaix, » mais bien : « Appelez un Gallego. »

Pour en revenir à notre histoire, Peregil le Gallego avait commencé les affaires avec une grande jarre en terre, qu'il portait sur ses robustes épaules; par degrés, il fit son chemin dans le monde, et put acheter un compagnon d'une race d'animaux analogue à la sienne, je veux dire un âne vigoureux, au poil rude et ébouriffé. Sur les flancs de cet aide de camp à longues oreilles, il suspendit des paniers où étaient solidement attachées ses cruches, recouvertes de feuilles de figuier pour les protéger du soleil. Il n'y avait point dans tout Grenade un porteur d'eau plus industrieux ni plus gai. Les rues retentissaient de sa voix joyeuse, tandis qu'il suivait son âne en jetant à pleins poumons ce cri qui résonne dans toutes les villes d'Espagne : « *Quien quiere agua, — agua mas fria que la nieve?* Qui veut de l'eau, — de l'eau aussi fraîche que la neige, — de l'eau du puits de l'Alhambra, froide comme la glace et pure comme le cristal? »

Quand il offrait à ses clients un verre de ce breuvage limpide, il ne manquait jamais de l'accompagner d'une parole aimable et gaie, qui amenait un sourire sur les lèvres; s'agissait-il, au contraire, d'une dame élégante ou de quelque rieuse jeune fille, il avait toujours en réserve un joli compliment.

Peregil le Gallego était donc connu dans tout Grenade comme le plus poli, le plus facétieux et le plus heureux des mortels. Néanmoins un cœur léger n'est pas toujours le partage de celui qui chante le plus fort et qui plaisante avec le plus d'entrain; sous cette apparence de gaieté l'honnête Peregil cachait plus d'un souci. Il avait à soutenir une nombreuse famille d'enfants à peine vêtus, aussi affamés et piaillards qu'une nichée d'hirondelles, et criant la faim lorsqu'il rentrait le soir à son logis. La compagne qu'il s'était choisie ne l'aidait point à porter ce fardeau; celle-ci, avant de se marier, était une beauté de village, célèbre pour son habileté à danser le boléro et à jouer des castagnettes; elle avait gardé ces premiers goûts et dépensait en colifichets inutiles le gain si durement amassé de l'honnête Peregil, dont le malheureux âne lui-même était mis en réquisition pour la conduire aux parties de plaisir du dimanche et des jours de fête. Avec cela fort paresseuse, s'oubliant au lit, et, par-dessus tout, bavarde de première force; aussi la voyait-on souvent abandonner son logis et son ménage pour s'en aller, ses souliers en savates, se livrer au commérage chez ses voisines.

Mais celui qui mesure le vent à la brebis tondue laisse aussi peser moins lourdement le joug du mariage sur les malheureux résignés à leur infortune. Peregil, ainsi accablé du fardeau de sa femme et de ses enfants, imitait la patience de son âne, gémissant sous le poids de ses cruches; et, bien qu'il lui arrivât, à son exemple, de secouer tristement ses oreilles en secret, il ne mit jamais en question les vertus domestiques de son épouse négligente.

Certes, il aimait ses enfants, comme le hibou aime sa progéniture, et se voyait avec complaisance fidèlement reproduit par ces petits êtres trapus et vigoureux, aussi larges de dos et non moins bancals que leur digne père. Chaque fois que l'honnête Peregil pouvait s'accorder un instant de repos et se trouvait à la tête d'une poignée de maravédis, sa plus grande joie était d'emmener toute la troupe, les uns dans ses bras, les autres pendus à ses habits ou courant derrière ses talons, et de les laisser gambader à leur aise au milieu des vergers de la Vega, tandis que leur mère dansait avec ses amies dans les *angosturas* (vallons) du Darro.

Un certain jour d'été, à une heure assez tardive de la soirée, les porteurs d'eau avaient, pour la plupart, cessé leur travail après une chaleur plus étouffante qu'à l'ordinaire; le plus délicieux clair de lune éclairait une de ces nuits qui forcent les habitants des climats chauds à sortir de leurs maisons, pour se remettre de leur accablement en respirant un air plus pur jusqu'après minuit.

Les amateurs d'eau fraîche étaient donc encore dehors, et notre ami Peregil, en bon et laborieux père de famille, pensa à ses enfants affamés et se dit en lui-même : « Allons, encore un dernier tour au puits pour gagner le. *puchero* (pot-au-feu) du dimanche. Là-dessus il reprit courageusement l'avenue escarpée de l'Alhambra, chantant à pleins poumons, non sans laisser tomber de temps à autre un bon coup de bâton sur la croupe de son âne, soit pour marquer la mesure, soit pour encourager amicalement la pauvre bête; car, en Espagne, tous les animaux sont accoutumés à recevoir des coups en guise de provende.

Arrivé au puits, il le trouva abandonné; seul un étranger, portant le costume arabe, était assis sur un banc de pierre éclairé par la lune. Peregil s'arrêta d'abord et le considéra avec une surprise mêlée d'une certaine appréhension. Mais, d'une main affaiblie, le Maure lui fit signe d'approcher. « Je me sens épuisé et malade, dit-il; aidez-moi à retourner en ville, et je vous payerai deux fois la valeur de vos cruches. »

Le cœur de l'honnête porteur d'eau fut ému de compassion à cet appel de l'étranger. « A Dieu ne plaise, répondit-il, que je réclame une récompense pour un acte de simple humanité. » Il s'empressa donc d'aider le Maure à monter sur son âne, et se dirigea vers Grenade; le pauvre Arabe était si faible, qu'il fallut le soutenir pour l'empêcher de glisser sur le sol.

A leur entrée en ville, le porteur d'eau s'enquit de l'endroit où il devait le conduire. « Hélas! dit le Maure d'une voix éteinte, je n'ai ni famille ni maison, et je suis complètement inconnu dans ce pays. Laissez-moi reposer ma tête pendant une nuit sous votre toit, et je vous récompenserai généreusement. »

L'honnête Peregil se trouva donc inopinément chargé de cet hôte infidèle; mais il était trop humain pour refuser un abri à son prochain dans l'embarras : il conduisit donc le Maure à son logis. Les enfants, au bruit des pas du baudet, s'étaient précipités au dehors, la bouche ouverte et les dents aiguisées par la faim; à la vue du porteur de turban, ils s'enfuirent épouvantés, et se réfugièrent derrière les jupes de leur mère. Celle-ci sortit intrépidement, comme une poule irritée qui veut protéger ses poussins contre les entreprises de quelque chien **vagabond.**

« Quel païen, cria-t-elle, nous amenez-vous si tard ? Voulez-vous donc attirer sur nous les yeux de l'inquisition ?

— Calmez-vous, femme, répondit le Gallego ; c'est un pauvre étranger malade, seul et sans abri : voudriez-vous le laisser mourir dans la rue ? »

La femme n'aurait pas mieux demandé que de continuer ses reproches ; bien qu'elle n'habitât qu'un taudis, elle était fort susceptible à l'endroit de la bonne renommée de sa maison. Néanmoins, pour une fois, le petit porteur d'eau se montra têtu et refusa net de se courber sous le joug. Il aida le pauvre musulman à descendre de son âne, puis étendit une natte et une peau de mouton dans le coin le plus frais de sa maison : c'était là le seul lit que sa pauvreté lui permît d'offrir.

Peu après le Maure fut saisi de convulsions dont la violence rendit inutiles les soins charitables du porteur d'eau. Les yeux du pauvre malade cherchaient à lui exprimer l'étendue de sa reconnaissance. Pendant un intervalle des accès, il le fit

« Quel païen, cria-t-elle, nous amenez-vous si tard? »

approcher et lui dit d'une voix éteinte : « Je crois que mes instants sont comptés ; si je meurs, prenez cette boîte que je vous lègue en récompense de votre charité ; » puis, entr'ouvrant son *albornoz* (manteau), il lui montra un petit coffret en bois de sandal attaché autour de son corps.

« Dieu veuille, mon ami, répliqua le digne Gallego, que vous puissiez vivre encore bien des années, et jouir de ce que vous considérez comme un trésor ! » Le Maure secoua la tête, et, posant la main sur la boîte, semblait vouloir donner quelques explications sur ce qu'elle contenait ; mais ses convulsions revinrent avec plus de violence, et il ne tarda pas à rendre le dernier soupir.

A cette vue, la femme de Peregil devint folle de colère. « Voilà encore, dit-elle, un beau résultat de votre sotte compassion, qui nous met toujours dans l'embarras à cause des autres. Qu'allons-nous devenir, quand on découvrira ce cadavre dans notre maison ? Nous serons envoyés en prison comme assassins, et si nous nous en tirons avec la vie, les notaires et les alguazils achèveront notre ruine. »

Le pauvre Peregil n'était pas moins troublé et se repentait presque de sa bonne action. A la fin, une idée traversa son esprit. « Il ne fait pas encore jour, dit-il, je puis conduire le cadavre hors de la ville et l'enterrer dans le sable, sur les bords du Xenil. Le Maure est entré chez nous inaperçu : personne ne remarquera sa disparition. »

Aussitôt fait que dit; les deux époux roulèrent le corps de l'infortuné musulman dans la natte sur laquelle il avait expiré, en chargèrent l'âne, et Peregil se mit en route vers les bords de la rivière.

Par malheur, en face de la maison de Peregil vivait un barbier nommé Pedrillo Pedrugo, et l'un des membres les plus dangereux et les plus indiscrets de cette illustre corporation de bavards et de curieux. C'était un gaillard à museau de fouine, aux longues jambes, souple et insinuant; le fameux barbier de Séville ne connaissait pas mieux que lui tout le détail des affaires des autres, et il retenait les confidences avec la même fidélité qu'un crible. On prétend qu'il ne dormait que d'un œil et tenait toujours une oreille hors du bonnet, afin de tout voir et de tout entendre, même pendant son sommeil. Une chose certaine, c'est qu'il se chargait de la chronique scandaleuse pour tous les désœuvrés de Grenade, et attirait ainsi chez lui beaucoup plus de clients que tous ses confrères.

Ce barbier intrigant entendit Peregil rentrer à une heure inaccoutumée de la nuit et surprit les exclamations de sa femme et de ses enfants. A l'instant sa tête s'encadra dans une petite fenêtre qui lui servait d'observatoire, et il aperçut son voisin aidant un homme, revêtu du costume arabe, à pénétrer dans sa maison. Ce spectacle parut si étrange à Pedrillo Pedrugo, qu'il ne put en dormir de la nuit. Toutes les cinq minutes il grimpait à son œil-de-bœuf pour observer la lumière qui brillait à travers les fentes de la porte de son voisin, qu'il vit sortir avant l'aube, en compagnie de son âne, chargé d'un étrange fardeau.

Rien ne saurait peindre la surexcitation de ce barbier curieux; il s'habilla précipitamment, se glissa dehors sans aucun bruit, et, suivant de loin le porteur d'eau, ne tarda pas à le voir creuser un trou sur les rives sablonneuses du Xenil et y enterrer un objet qui ressemblait fort à un cadavre.

Le barbier, revenu chez lui en toute hâte, s'agita si fièvreusement dans son logis jusqu'au lever du soleil, qu'il y eut bientôt fait régner le plus complet désordre. Puis, plaçant à la hâte un bassin de cuivre sous son bras, il se dirigea vers la maison de l'alcade, qu'il avait l'habitude de raser chaque matin.

L'alcade sortait du lit. Pedrillo Pedrugo l'assit sur une chaise, entoura son cou d'une serviette, et, installant le traditionnel bassin de cuivre rempli d'eau chaude sous son menton, entreprit de lui attendrir la barbe avec les doigts.

« Quel événement! dit Pedrugo, remplissant à la fois le rôle de barbier et de chroniqueur, quel étrange événement! Être volé, assassiné et enterré dans la même nuit!

— Hein, quoi? que dites-vous là? s'écria l'alcade.

— Je dis, » répliqua le barbier en frottant

vigoureusement un morceau de savon sur le nez et la bouche de ce haut dignitaire, car un barbier espagnol dédaigne l'emploi

du pinceau, « je dis que Peregil le Gallego a dépouillé et tué un musulman, puis l'a enterré pendant cette bienheureuse nuit. *Maldita sea la noche!* Maudite soit la nuit!

— Mais comment savez-vous tout cela? demanda l'alcade.

— Patience, Señor alcade, et vous allez tout savoir, » reprit Pedrillo en lui saisissant le nez et en faisant glisser son rasoir sur ses joues. Il commença donc le récit de tout ce qu'il avait vu, et continua de raser et de laver le menton, puis d'essuyer scrupuleusement, avec une serviette sale, le visage de l'alcade, tandis qu'il volait, assassinait et enterrait son pauvre musulman avec la plus grande éloquence.

Or il se trouva que cet alcade était l'avare le plus arrogant, le plus rapace et le plus corrompu de Grenade. Certes, il connaissait bien tout le prix de la justice, car il la vendait au poids de l'or. Le crime signalé se compliquait de meurtre et de vol; sans aucun doute il devait y avoir de riches dépouilles à recueillir: quel parti prendre pour les faire arriver légalement entre les mains de la justice? Arrêter le coupable, ce n'est qu'enrichir la potence; mais s'emparer du butin, c'est enrichir le juge: d'après ce digne magistrat, la loi ne se propose pas d'autre but.

Sur cette sage réflexion, il manda en sa présence son fidèle alguazil, un drôle efflanqué et à l'air famélique, portant, selon la coutume de ses pareils, l'ancien costume espagnol. Un feutre à larges bords fièrement retroussé d'un côté ornait sa tête, émergeant des replis d'une fraise bizarre; un manteau noir et court pendillait sur ses maigres épaules; le reste de ses sombres vêtements avait pris la couleur de la rouille et faisait ressortir la longueur de son échine et la maigreur de ses membres secs et nerveux. Il portait à la main une légère baguette blanche, insigne redoutable de ses fonctions. Tel était le limier de la police, pur rejeton de l'antique race espagnole, qui fut lâché sur les traces de l'infortuné porteur d'eau. Sa célérité fut si grande et sa main si sûre, qu'il s'abattit sur le dos du pauvre Peregil avant que ce dernier eût pu regagner son logis, et l'amena, ainsi que son âne, en présence du dispensateur de la justice.

L'alcade, les sourcils froncés, jeta sur lui son regard le plus sévère : « Écoute, misérable! cria-t-il d'une voix tonnante au petit Gallego, dont les genoux s'entre-choquèrent, écoute, et n'aie pas l'audace de nier ton crime, car je sais tout. La potence est la juste récompense du meurtre abominable que tu as commis; mais je suis porté à la miséricorde, et je sais écouter la voix de la raison. L'homme que tu as assassiné dans ta demeure était un musulman, un infidèle, un ennemi de notre foi. C'est évidemment dans le transport inconsidéré d'un zèle religieux que tu lui as ôté la vie; je serai donc indulgent; restitue l'argent dont tu l'as injustement dépouillé, et nous arrangerons cette affaire. »

Le malheureux porteur d'eau prit tous les saints à témoin de son innocence; hélas! pas un d'eux n'apparut, et, se fussent-ils montrés, cet alcade rapace eût renié au besoin le calendrier tout entier. Peregil raconta toute l'histoire de la mort de l'Arabe avec une droiture et une simplicité sûrs garants de son innocence; mais tout fut inutile. « Persistes-tu à dire que ce musulman ne portait ni or ni bijoux qui aient pu tenter ta cupidité?

— Sur mon salut éternel, Excellence, répondit-il, il ne possédait qu'un petit coffret en bois de sandal qu'il m'a légué en récompense de mes bons offices.

— Un coffret en bois de sandal! un coffret en bois de sandal! s'écria l'alcade, dont les yeux étincelèrent de convoitise à l'idée des pierres précieuses qu'il pouvait contenir. Et où est ce coffret? où l'as-tu caché?

— S'il plaît à Votre Grâce, répondit le porteur d'eau, je l'ai laissé dans un des paniers de mon âne, et le mets de bon cœur à la disposition de Votre Excellence. »

A peine achevait-il ces mots, que le rusé alguazil fit un bond vers la porte, et reparut en un clin d'œil, portant le mystérieux coffret en bois de sandal. L'alcade l'ouvrit d'une main tremblante d'avidité, et tout le monde se précipita pour contempler les trésors qu'il renfermait. Mais, au désappointement général, on n'y découvrit qu'un petit rouleau de parchemin couvert de caractères arabes, et le fragment d'une bougie de cire.

Lorsque la condamnation d'un prisonnier n'est d'aucun profit pour la justice, celle-ci, même en Espagne, a parfois la faiblesse de se montrer impartiale. L'alcade, ayant surmonté son désappointement et reconnu l'absence de dépouilles, écouta sans passion le récit du porteur d'eau, que vint encore confirmer le témoignage de sa femme.

Convaincu de son innocence, il prononça son acquittement; bien plus, il lui permit d'emporter le legs du Maure, le coffret de bois de sandal et son contenu, comme la juste récompense de son humanité; mais il confisqua son âne en payement des frais de justice.

Voilà donc l'infortuné petit Gallego encore une fois réduit à la dure nécessité de porter lui-même ses cruches, et de grimper au puits de l'Alhambra l'épaule chargée d'une énorme jarre en terre.

Un après-midi qu'il gravissait ainsi la colline sous les rayons d'un soleil implacable, sa bonne humeur habituelle l'abandonna. « Chien d'alcade! s'écria-t-il, qui arrache à un pauvre homme les moyens de gagner sa vie et son meilleur ami en ce monde! »

Puis, au souvenir de son bien-aimé compagnon de travail, toute la tendresse de son âme éclata dans ces paroles :

« Ah! baudet de mon cœur! ajouta-t-il en appuyant son fardeau sur une pierre afin d'essuyer son front ruisselant de sueur; ah! baudet de mon cœur! je suis sûr que tu penses à ton vieux maître et que tu regrettes tes cruches d'eau, ma pauvre bête! »

Pour ajouter à son affliction, sa femme l'accueillit à son arrivée par un déluge de gémissements et de reproches; elle triomphait évidemment, car ne l'avait-elle pas averti de ne point accorder cette imprudente hospitalité, cause première de leur infortune? En femme intelligente elle ne perdit pas une occasion de l'accabler des preuves de sa remarquable sagacité. Ses enfants manquaient-ils de nourriture ou de vêtements, elle leur disait aussitôt d'un ton ironique : « Allez trouver votre père, l'héritier du roi Chico de l'Alhambra, et il trouvera bien pour vous quelque secours dans le coffre-fort du musulman. »

Jamais pauvre mortel n'expia plus durement une bonne action. L'infortuné Peregil, dont la chair et l'esprit souffraient d'égales tortures, n'en supporta pas avec moins de patience les moqueries injurieuses de son épouse acariâtre. Enfin, un soir, après une rude journée de travail, elle renouvela son attaque et lui fit perdre patience. Sans se risquer à lui répondre avec rudesse, il arrêta son regard sur le coffret en bois de sandal abandonné sur une planche, et dont le couvercle entr'ouvert semblait ricaner en insultant à son malheur, puis il le saisit et le jeta par terre dans un transport d'indignation et de colère. « Maudit soit le jour où j'ai jeté les yeux sur toi, cria-t-il, et abrité ton maître sous mon toit ! »

En frappant le sol, le couvercle du coffret s'ouvrit complètement et laissa échapper le rouleau de parchemin, qui roula dans la chambre.

Peregil, silencieux et rêveur, le considéra un instant; puis, revenant à lui: « Qui sait, dit-il, si cet écrit n'est pas de quelque importance, puisque le Maure le conservait avec tant de soin? » Il le ramassa donc et le cacha dans ses vêtements ; le lendemain, tout en criant son eau dans les rues, il s'arrêta devant la boutique d'un Arabe de Tanger, qui vendait des bijoux et des parfums dans le Zacatin, et le pria de lui en expliquer le contenu.

Le Maure lut attentivement le parchemin, puis sourit en se caressant la barbe. « Ce manuscrit, dit-il, contient une formule d'incantation pour retrouver un trésor caché, et retenu par un pouvoir magique. Sa vertu est telle, que les verrous, les barres de fer les plus solides, et l'aimant lui-même, ne peuvent lui résister.

— Bah! s'écria le petit Gallego, que me fait tout cela? Je ne suis point un enchanteur, et je ne connais aucun trésor caché. » Ce disant, il remit sa cruche sur son épaule, et reprit courageusement son labeur quotidien, en abandonnant le parchemin entre les mains du Maure.

Ce même soir, vers la chute du jour, tandis que Peregil se reposait auprès du puits de l'Alhambra, il y trouva réunis un certain nombre de flâneurs désœuvrés et bavards ; comme il arrive souvent à l'approche mystérieuse des ténèbres, la conversation tomba sur les histoires merveilleuses et les anciennes traditions surnaturelles. Aussi pauvres que des rats, tous ces braves gens avaient un goût prononcé pour les contes populaires qui rappellent l'existence des richesses enchantées abandonnées par les Maures en différentes parties de l'Alhambra. Ils ajoutaient surtout une foi robuste à l'existence d'immenses trésors profondément enfouis dans la terre, sous les fondations de la tour des Sept-Étages.

Ces récits firent une impression plus vive qu'à l'ordinaire sur l'honnête Peregil, et préoccupèrent fortement son esprit, tandis qu'il redescendait seul l'avenue déjà couverte des ombres de la nuit. Après tout, pensait-il, s'il existe un trésor caché sous cette tour, ne puis-je y arriver à l'aide du parchemin laissé entre les mains de l'Arabe? Cette idée lui donna soudain un tel transport de joie, qu'il faillit laisser tomber sa cruche.

Obsédé par cette pensée, il se tourna et

se retourna inutilement sur sa couche, sans pouvoir fermer l'œil de toute la nuit. Dès l'aube, frais et dispos, il se présente à la boutique du Maure et lui raconte ses préoccupations.

« Vous pouvez lire l'arabe, lui dit-il; allons ensemble à la tour, et nous y ferons l'essai du charme : s'il n'a aucun effet, nous ne nous en trouverons pas plus mal; mais s'il opère, nous partagerons également le trésor retrouvé.

— Attendez, répondit le musulman, cet écrit ne suffit pas à tout; il doit être lu à minuit, à la lueur d'une bougie composée d'ingrédients spéciaux qu'il n'est point en mon pouvoir de me procurer : sans cela le parchemin n'est d'aucune valeur.

— Cela suffit, cria le petit Gallego, je possède cette bougie et vous l'apporterai dans un instant. » Sur ces mots, il retourna chez lui en grande hâte, et revint bientôt avec un petit fragment de bougie de cire jaune trouvé dans le coffret en bois de sandal.

Le Maure l'examina et en respira l'odeur.

« Il y a dans cette cire jaune, dit-il, un mélange de parfums rares et précieux; c'est précisément la bougie spécifiée dans le parchemin. Aussi longtemps qu'elle brûlera, les murs les plus solides et les cavernes les plus secrètes resteront ouverts; malheur à celui qui s'attarderait lorsque sa flamme sera éteinte : il demeurerait enchanté avec le trésor. »

Il fut donc convenu entre eux qu'on ferait l'épreuve de la puissance du charme le soir même. A une heure avancée de la nuit, où l'on ne rencontre dehors que les chauves-souris et les hiboux, ils gravirent la colline boisée de l'Alhambra et s'approchèrent de cette tour imposante, cachée au milieu d'une épaisse verdure, et dont les légendes ont fait un objet de terreur.

A la lueur d'une lanterne, ils se frayèrent un chemin, en tâtonnant, à travers les broussailles et les débris de pierres, jusqu'à l'entrée du caveau situé au pied de la tour. Tremblants de peur, ils descendirent des marches taillées dans le roc et conduisant à une salle nue, froide et triste, où d'autres degrés s'enfonçaient encore dans les entrailles de la terre. Ils franchirent ainsi quatre escaliers aboutissant à autant de caveaux placés les uns au-dessous des autres; mais le sol du quatrième était massif. Et cependant, bien que la tradition indiquât l'existence de trois autres caveaux superposés, un pouvoir magique les avait toujours rendus impénétrables. Une odeur terreuse remplissait ce dernier réduit, humide et glacial, où la lumière qu'ils portaient ne brûlait qu'avec peine. Ils demeurèrent un instant interdits, retenant jusqu'à leur souffle, lorsque le son affaibli de l'horloge de la tour, marquant les douze coups de minuit, vint frapper leurs oreilles. A ce signal, la bougie de cire fut allumée, et répandit dans l'air un délicieux parfum de myrrhe, d'encens et de storax.

Le Maure commença la lecture du parchemin d'une voix précipitée. A peine avait-il achevé, qu'on entendit résonner le grondement d'un tonnerre souterrain. Le sol, ébranlé, s'entr'ouvrit et laissa voir l'entrée d'un escalier. Ils descendirent les degrés à moitié morts de terreur, et, à la lueur de la lanterne, aperçurent un dernier caveau couvert d'inscriptions arabes. Au centre se trouvait un grand coffre entouré de sept bandes d'acier; à droite et à gauche étaient assis deux Maures enchantés, revêtus d'armures, et qu'une puissance surnaturelle maintenait dans l'immobilité de deux statues. Devant le coffre, plusieurs grandes jarres étaient remplies d'or, d'argent et de pierres précieuses.

Nos deux héros plongèrent leurs bras jusqu'au coude dans la plus grande, et en retirèrent de larges pièces d'or arabes, des bracelets et des ornements du même précieux métal ; de temps à autre un splendide collier de perles orientales restait suspendu à leurs doigts avides. Tout en remplissant leurs poches de cette riche proie, ils tremblaient de peur et respiraient à peine, surtout quand leurs regards pleins d'effroi s'arrêtaient sur les deux Maures enchantés, hideux et immobiles, dont les yeux étincelants demeuraient fixés sur eux sans relâche.

A la fin, terrifiés par quelque bruit imagi-

Nos deux héros plongèrent leurs bras jusqu'au coude dans
la plus grande jarre.

naire, ils gravirent précipitamment l'escalier, et se culbutèrent si violemment à leur arrivée dans la salle supérieure, que la bougie s'éteignit et tomba sur le sol, qui se referma aussitôt avec un sourd grondement.

Aiguillonnés par la terreur, ils ne s'arrêtèrent point avant d'être sortis de la tour en tâtonnant, et d'avoir revu la lumière rassurante des étoiles qui brillaient à travers les arbres. Assis sur le gazon, ils partagèrent leur butin, et se contentèrent pour cette fois de ce léger emprunt aux jarres, mais en se promettant bien de revenir une autre nuit et de les vider jusqu'au fond. Afin de se donner un gage de fidélité mutuelle, ils firent aussi deux parts des talismans : l'un d'eux retint le parchemin, et l'autre la bougie de cire ; ce point réglé, ils partirent pour Grenade, le cœur léger et la poche lourde.

Comme ils descendaient la colline, le rusé Maure glissa un mot d'avis dans l'oreille du naïf petit porteur d'eau.

« Ami Peregil, lui dit-il, toute cette affaire doit rester un profond secret, jusqu'au moment où le trésor tout entier aura été par nous mis en sûreté. Si l'alcade a le moindre soupçon de notre aventure, nous sommes perdus !

— Certes, répondit le Gallego, rien ne saurait être plus vrai.

— Ami Peregil, reprit encore le Maure, tu es assurément un homme discret et sachant garder un secret : mais tu as une femme ?

— Elle n'en saura pas un mot, ajouta le petit porteur d'eau d'un air assuré.

— Il suffit, dit le Maure; je compte sur ta discrétion et sur ta promesse. »

Jamais promesse ne fut plus positive et plus sincère ; mais, hélas ! quel est l'homme qui peut dérober un secret à sa femme ? Ce n'était certes pas Peregil, le porteur d'eau, le plus soumis et le plus tendre des maris. De retour à son logis, il trouva sa femme assise dans un coin, et de fort méchante humeur. « Eh bien ! lui cria-t-elle aussitôt en l'apercevant, vous voilà donc revenu, après avoir vagabondé jusqu'à cette heure avancée de la nuit ! Je m'étonne que vous n'ameniez point un autre Arabe pour lui offrir de loger avec nous. »

Puis, fondant en larmes, elle commença à se tordre les mains de désespoir et à se frapper la poitrine : « Malheureuse femme que je suis ! s'écria-t-elle, que vais-je devenir ? Ma maison a été pillée par les gens de loi et les alguazils, et mon mari, un propre à rien, ne rapporte plus le pain de la famille et s'en va courir les aventures en compagnie d'un Maure infidèle ! Oh ! mes enfants ! mes enfants ! qu'allons-nous devenir ? Il nous faudra tous aller mendier dans la rue. »

L'honnête Peregil fut si ému de la désolation de sa femme, qu'il ne put se retenir de pleurnicher à son tour ; et son cœur, aussi plein que sa poche, n'y résista plus : il plongea la main dans son trésor et en retira trois ou quatre larges pièces d'or qu'il glissa dans la main de sa compagne. Celle-ci se prit à le regarder avec stupéfaction, incapable de comprendre ce que signifiait cette pluie d'or. Sans lui laisser le temps de se remettre de sa surprise, le petit Gallego sortit encore de sa poche une chaîne d'or, qu'il fit briller à ses yeux en dansant de joie, et la figure épanouie d'un large sourire.

« Que la sainte Vierge nous protège ! s'écria la femme. Qu'avez-vous fait, Peregil? sans doute vous n'êtes coupable ni de meurtre ni de vol? »

A peine cette idée était-elle entrée dans la tête de la pauvre femme, qu'elle en prit complètement possession. Déjà elle apercevait la prison et même la potence où frétillait un petit Gallego bancal; enfin, accablée par ces fantômes de son imagination surexcitée, elle fut prise d'une violente attaque de nerfs.

Que pouvait faire le pauvre homme? Le seul moyen de la tranquilliser et de calmer ses frayeurs n'était-il pas de lui raconter toute l'histoire de sa bonne fortune? C'est ce qu'il fit, après avoir exigé d'elle la plus solennelle promesse de ne confier ce secret à personne.

Sa joie fut indescriptible. Elle jeta ses bras autour du cou de son mari, qu'elle faillit étrangler de caresses. « Maintenant, femme, dit le petit homme d'un ton joyeux, que dites-vous de l'héritage du Maure? Dorénavant ne me reprochez plus d'assister mon prochain dans l'embarras. »

Sur ces paroles, l'honnête Gallego alla s'étendre sur sa peau de mouton et y dormit aussi profondément que sur la couche la plus moëlleuse. Il n'en fut pas de même de sa femme, qui vida les poches de son mari sur la natte, et passa la nuit à compter les magnifiques pièces d'or arabes, essaya les bracelets et les pendants d'oreilles, et se représenta la figure qu'elle ferait, le jour où il lui serait permis de jouir de ces richesses.

Le lendemain matin, l'honnête Gallego prit une large pièce d'or et alla la présenter à un orfèvre du Zacatin, en prétendant l'avoir trouvée parmi les ruines de l'Alhambra. L'orfèvre remarqua les caractères arabes et vit qu'elle était de l'or le plus pur ; néanmoins il n'offrit qu'un tiers de sa valeur, et le porteur d'eau se déclara parfaitement satisfait. Peregil acheta des vêtements neufs pour sa petite famille, des jouets de toute sorte et d'amples provisions pour un bon repas ; puis il revint à son logis, et se mit à danser avec ses enfants, lui le plus heureux de tous les pères.

La femme du porteur d'eau fut remarquablement fidèle à sa promesse de garder le secret. Pendant un jour et demi, elle se promena d'un air mystérieux et dévorée de l'envie de parler ; mais elle retint sa langue, bien qu'entourée de ses voisines. Il est vrai qu'elle ne put s'empêcher de se donner de grands airs en priant ses amies d'excuser le mauvais état de sa toilette, et parla de se commander une *basquina* ornée de broderies d'or et de jais, ainsi qu'une mantille neuve. Elle dit vaguement que son mari songeait à quitter son métier de porteur d'eau, contraire à sa santé. Enfin elle ajouta qu'ils avaient songé à se retirer tous à la campagne durant l'été, afin que leurs enfants profitassent du bon air, car il n'était pas possible de rester en ville avec cette chaleur étouffante.

Les voisines, se regardant avec stupéfaction, crurent que la pauvre femme était devenue folle ; ses manières et ses grâces prétentieuses causèrent une hilarité générale et donnèrent lieu à d'interminables plaisanteries, aussitôt qu'elle eut tourné les talons.

Si elle se retenait au dehors, la femme de Peregil se dédommageait à la maison ; là elle ornait son cou d'un riche collier de perles orientales, attachait des bracelets arabes à ses poignets, et, la tête ornée d'une aigrette en diamants, se pavanait dans sa chambre, malgré ses haillons, en s'admirant de temps à autre dans les débris d'un miroir.

Bien plus, poussée par la vanité, elle ne put résister à l'envie de se montrer une fois à la fenêtre, afin de jouir de la surprise des passants à la vue de ses bijoux.

Par un hasard malencontreux, Pedrillo Pedrugo, le barbier curieux, était nonchalamment assis dans sa boutique, de l'autre côté de la rue, et son regard vigilant fut attiré par l'éclat d'un diamant. En un clin d'œil rendu à son observatoire, il put surprendre l'épouse déguenillée du porteur d'eau, surchargée de pierreries comme une fiancée d'Orient. A peine eut-il pris le temps de donner un rapide coup d'œil à tous ces bijoux, qu'il ne fit qu'un saut chez l'alcade. Un instant après, le famélique alguazil reprenait la piste, et avant la fin du jour l'infortuné Peregil était de nouveau traîné en présence du juge.

« Que signifie tout cela, coquin? s'écria l'alcade d'une voix furieuse. Ne m'as-tu pas raconté que l'infidèle mort dans ta maison n'avait laissé qu'un coffret vide? Et maintenant on vient me dire que ta femme se promène fièrement, dans ses haillons, couverte de perles et de diamants. Prépare-toi, misérable, à rendre ces dépouilles de ton infortunée victime avant d'aller te balancer à la potence, que tu fais attendre depuis trop longtemps. »

Le porteur d'eau, terrifié, tomba à genoux et révéla le merveilleux moyen qui lui avait procuré ses richesses. L'alcade, l'alguazil et le barbier curieux écoutaient d'une oreille avide ce conte oriental d'un trésor enchanté. L'alguazil fut expédié à la recherche du Maure qui avait pris part à l'incantation. Le musulman se présenta sans retard, fort effrayé en se voyant tombé entre les griffes des gens de loi. Dès qu'il aperçut le porteur d'eau, à son air honteux et consterné, il comprit aussitôt l'affaire. « Misérable animal! lui dit-il en passant, ne t'avais-je pas averti de ne point bavarder avec ta femme? »

Le récit du Maure fut de tous points conforme à celui de Peregil ; mais l'alcade affecta l'incrédulité, et parla de la prison, après avoir ordonné de rigoureuses investigations.

« Doucement, Señor alcade, dit le rusé musulman, qui avait recouvré son sang-froid, ne gaspillons pas les dons de la fortune en nous les disputant avec violence. Personne ne connaît ce secret : gardons-le donc avec soin. Le caveau renferme assez de trésors pour nous enrichir tous. Prêtez-vous à un partage équitable, et nous livrerons tout ; refusez, et le caveau restera toujours fermé. »

L'alcade prit à part l'alguazil pour s'entendre avec lui. Ce dernier était un vieux renard : « Promettez tout, dit-il, jusqu'au moment où vous serez en possession du trésor. Vous le saisirez alors en entier, et si l'Arabe et son complice osent murmurer, menacez-les du bûcher réservé aux infidèles et aux sorciers. »

L'alcade goûta fort cet avis. Il prit un air souriant, et, se tournant vers le Maure :

« Voilà, dit-il, une bien étrange histoire, qui peut être vraie; mais je n'en croirai que le témoignage de mes yeux. Cette nuit même vous répéterez l'incantation en ma présence. Si le trésor existe, nous le partagerons amicalement, sans jamais en rien révéler. Mais si vous me trompez, n'espérez de moi aucune miséricorde; en attendant, vous resterez en prison. »

Le Maure et le porteur d'eau consentirent gaiement à ces conditions, assurés que l'événement justifierait leurs paroles.

Vers minuit, l'alcade sortit secrètement, accompagné de l'alguazil et de l'intrigant barbier, tous bien armés. Ils emmenaient avec eux leurs deux prisonniers, le Maure et le porteur d'eau, sans oublier le vigoureux baudet, sur le dos duquel on devait placer le trésor attendu. Arrivés au pied de la tour sans avoir été vus, ils attachèrent l'âne à un figuier et descendirent dans le quatrième caveau.

On produisit le parchemin, et, la bougie de cire une fois allumée, le Maure se mit à lire la formule d'incantation. Le sol trembla comme la première fois et s'entr'ouvrit avec un sourd grondement, en découvrant l'entrée de l'étroit escalier. L'alcade, l'alguazil et le barbier, frappés de terreur, ne pouvaient se résoudre à descendre. Le musulman et le porteur d'eau pénétrèrent dans les profondeurs du caveau et retrouvèrent les deux Maures, toujours assis, muets et immobiles. Ils enlevèrent deux des grandes jarres remplies de monnaies d'or et de pierres précieuses. Le Gallego les porta l'une après l'autre sur son dos, et, malgré la vigueur de ses epaules, habituées à recevoir de lourds fardeaux, il chancela sous leur poids; lorsqu'elles furent assujetties le long des flancs du baudet, la pauvre bête en avait toute sa charge.

« Contentons-nous de cela, dit le Maure; nous avons retiré du trésor tout ce qu'il est possible d'emporter sans attirer l'attention, et nous voilà aussi riches que nous pussions le désirer.

— Reste-t-il quelque chose du trésor? demanda l'alcade.

— La partie la plus précieuse, répondit-il;

un énorme coffre, rempli de perles et de pierreries.

— Il faut absolument le monter, s'écria l'alcade avec avidité.

— Pour moi, reprit le Maure d'un ton résolu, je ne veux plus descendre ; ce butin doit suffire à des gens raisonnables : le reste serait superflu.

— Et moi, ajouta le porteur d'eau, je refuse de monter un autre fardeau qui briserait les reins de mon âne. »

L'alcade, après avoir inutilement ordonné, menacé, supplié, se tourna vers ses deux compagnons : « Aidez-moi à transporter le coffre, et nous en partagerons le contenu. » Il dit et descendit les degrés, suivi à contre-cœur par l'alguazil et le barbier, tremblants d'épouvante.

Aussitôt que le Maure eut constaté leur arrivée au fond du caveau, il éteignit la bougie de cire jaune : la terre se referma avec le fracas habituel, et ces dignes personnages restèrent ensevelis dans son sein.

Puis il gravit en toute hâte les différents escaliers, et ne s'arrêta qu'au pied de la tour. Le petit porteur d'eau le suivit aussi rapidement que ses courtes jambes le lui permirent.

« Qu'avez-vous fait! s'écria Peregil dès qu'il put reprendre haleine, l'alcade et ses compagnons sont enfermés dans le caveau!

— Telle est la volonté d'Allah! répondit pieusement le Maure.

— Et vous ne les délivrerez pas? demanda le Gallego.

— Qu'Allah m'en préserve! répliqua le musulman en se caressant la barbe. Il est écrit dans le livre du destin qu'ils resteront enchantés jusqu'à l'arrivée de quelque aventurier qui rompra le charme. Que la volonté de Dieu soit faite! » Ce disant, il lança le fragment de la bougie de cire parmi les épais fourrés de la vallée.

Le mal était sans remède. Le Maure et le porteur d'eau se dirigèrent donc vers la ville avec leur âne richement chargé; l'honnête Peregil ne put se retenir de serrer dans ses bras et d'embrasser affectueusement son compagnon de travail aux longues oreilles, miraculeusement arraché aux griffes de la justice ; il est même permis de douter si le cœur naïf de ce brave homme éprouva autant de joie de la possession du trésor que du retour de son âne.

Nos heureux associés partagèrent leur butin amicalement et d'une manière équitable ; seulement le Maure, qui avait un faible pour les bijoux, fit discrètement passer dans son lot la plupart des perles et des pierreries, et les remplaça par de lourds joyaux d'or massif, cinq fois plus gros, dont le porteur d'eau se montra fort satisfait. Ils prirent soin de ne s'exposer à aucune éventualité fâcheuse, en gagnant des pays éloignés pour y jouir en paix de leurs richesses. Le Maure retourna en Afrique, dans sa ville natale de Tetouan, et le Gallego, avec sa femme, ses enfants et son âne, se réfugia en Portugal.

Là, sous la haute direction de sa digne épouse, il devint un personnage de conséquence ; car elle contraignit le petit homme à revêtir sa longue échine et ses courtes jambes d'un pourpoint et d'un haut-de-chausses ; elle mit une plume à son chapeau et attacha une longue rapière à son côté. Ainsi transformé, il abandonna le surnom un peu vulgaire de Peregil pour le titre plus sonore de don Pedro Gil ; ses enfants, gais et bien portants, mais non moins petits et bancals que leur père, grandirent et prospérèrent autour de lui. Tandis que la señora Gil, toujours pomponnée, enrubannée, couverte de dentelles des pieds à la tête, les doigts surchargés de bagues étincelantes, ne perdit jamais son singulier talent d'unir la malpropreté à une extrême élégance.

Quant à l'alcade et à ses compères, ils restèrent ensevelis sous la grande tour des Sept-Étages, et n'en ont pas bougé jusqu'à présent. Le jour où l'Espagne manquera de mauvais barbiers, d'alguazils rapaces et d'alcades corrompus, on pourra les y venir chercher ; mais, s'ils doivent attendre aussi longtemps leur délivrance, il est fort à craindre que leur enchantement ne se prolonge jusqu'au jugement dernier.

CHAPITRE XIX

LE VÉTÉRAN

Parmi les types curieux que j'ai rencontrés au cours de mes promenades dans la forteresse, je dois citer un vieux et brave colonel d'invalides, fort éprouvé par les guerres, et qui s'est niché comme un faucon au sommet d'une des antiques tours mauresques. Son histoire, qu'il raconte du reste avec plaisir, est un tissu d'aventures, d'infortunes et de vicissitudes, particulières à tous les Espagnols d'un certain rang, et non moins variées et fantastiques que celles de l'illustre Gil Blas.

Dès l'âge de douze ans il se trouvait en

Amérique, et eut l'avantage d'y voir le général Washington ; ce qu'il considère comme l'un des événements les plus remarquables de son existence. Depuis il a pris part à toutes les guerres de son pays, et connaît par expérience la plupart des prisons et des donjons de la Péninsule. Estropié d'une jambe, les mains perclues de douleurs, tout son corps, couturé de blessures, est une sorte de mémorial ambulant des révolutions d'Espagne, où chaque bataille est marquée d'une profonde entaille et la moindre escarmouche rappelée par une estafilade.

La plus grande infortune de ce brave officier fut, paraît-il, d'avoir été chargé d'un commandement à Malaga, à une dangereuse époque de troubles, pendant laquelle les habitants le choisirent pour leur général, afin de les protéger contre l'invasion des Français. Cette affaire lui a donné certains droits sur le gouvernement qui, je le crains, l'occuperont jusqu'à sa mort à faire écrire des pétitions et des mémoires, au grand dommage de sa tranquillité d'esprit, de sa bourse et de la patience de ses amis ; pas un d'eux ne vient le voir sans avoir à supporter pendant une demi-heure la lecture mortellement ennuyeuse d'un interminable document, et ne se retire que les poches bourrées de brochures. Ce cas est fréquent en Espagne, et l'on rencontre à chaque instant quelque plaideur malheureux, retiré en un coin et livré à des réflexions dont il se plaît à entretenir ainsi toute l'amertume. Du reste, tout Espagnol affligé d'un procès, ou bien ayant des droits à faire valoir contre le gouvernement, peut être assuré de ne pas manquer d'occupation jusqu'à son dernier jour.

J'allai visiter ce vétéran dans ses quartiers, situés en haut de la *torre del Vino* ou tour du Vin. Sa chambre, fort exiguë, mais confortable, jouissait d'une très belle vue de la Vega. Tout y était rangé avec la précision méticuleuse d'un vieux soldat. Trois mousquets et une paire de pistolets, suspendus au mur et brillants de propreté, y tenaient compagnie à un sabre et à une canne; deux chapeaux retroussés, l'un pour la parade et l'autre pour tous les jours, surmontaient cette modeste panoplie. Une planchette, où reposaient une demi-douzaine de volumes, composait sa bibliothèque; j'y remarquai un antique petit bouquin, recueil de maximes philosophiques dont il faisait sa lecture favorite. Il le feuilletait et le méditait chaque jour, et s'appliquait volontiers à lui-même, comme un remède salutaire, toutes les maximes qui appréciaient avec amertume l'injustice des choses de ce monde.

Malgré tout, ce prétendu misanthrope a bon cœur, et chaque fois que l'on peut chasser de son esprit le souvenir de ses infortunes et de sa philosophie, il se montre fort aimable et intéressant compagnon. J'aime ces vieux aventuriers, battus par les tempêtes de la vie, et rien ne me cause un plus grand plaisir que le récit de leurs rudes campagnes.

Pendant ma visite à ce digne vétéran je recueillis de curieuses anecdotes sur un ancien commandant militaire de la forteresse, qui paraît avoir avec lui certains points de ressemblance, et que les hasards de la guerre n'ont pas traité avec plus de clémence. Ces souvenirs se sont enrichis de tous les détails que j'ai pu obtenir des vieux habitants de l'endroit, et en particulier du père de Mateo Ximenes, dont le héros favori est précisément le curieux personnage dont je vais raconter l'histoire à mes lecteurs.

CHAPITRE XX

LE GOUVERNEUR ET LE NOTAIRE

Un brave vétéran régnait autrefois à l'Alhambra en qualité de gouverneur; comme il avait laissé un bras sur les champs de bataille, on ne l'appelait habituellement que *el gobernador manco* ou le gouverneur manchot.

Pour lui, il se glorifiait surtout de son titre de vieux soldat, retroussait fièrement sa moustache jusqu'aux yeux, portait sans cesse d'énormes bottes de campagne, et une immense rapière aussi longue qu'une broche, dont la poignée, en forme de corbeille, lui servait à loger son mouchoir.

Ce digne cavalier, aussi fier que pointilleux, ne plaisantait pas sur le chapitre des privilèges de sa dignité. Sous son gouvernement, les immunités de l'Alhambra, comme domaine royal, furent rigoureusement respectées. Personne n'était admis dans la forteresse avec des armes à feu, une épée ou même un simple bâton, sans être d'un certain rang ; chaque cavalier devait mettre pied à terre à la porte et conduire son cheval par la bride.

Or, comme la montagne de l'Alhambra s'élève au milieu de la ville de Grenade, et ressemble à une sorte de gigantesque excroissance de la capitale, il est souverainement ennuyeux pour le capitaine général commandant la province de trouver ainsi un *imperium in imperio,* et un poste indépendant au centre même de son domaine.

Cet ennui était encore aggravé par la susceptibilité jalouse de l'irascible gouverneur, qui prenait feu au moindre conflit de juridiction, et par la détestable réputation des gens sans aveu qui s'étaient peu à peu installés dans la forteresse comme dans un sanctuaire, à l'abri duquel ils se livraient à d'incessantes rapines aux dépens des paisibles habitants de la cité.

Un tel état de choses entretenait une lutte perpétuelle et de sourdes rancunes entre le capitaine général et le gouverneur; ce dernier se montrait le plus violent, ainsi qu'il arrive toujours entre deux potentats voisins, dont le plus faible est invariablement le plus chatouilleux sur la question de dignité.

Le somptueux palais du capitaine général, situé sur la Plaza Nueva, se trouve juste au pied de la colline de l'Alhambra, et cet endroit est constamment sillonné par la foule bruyante des gardes, des fonctionnaires et des domestiques. Un bastion en saillie de la forteresse domine le palais et la place qui le précède; sur ce bastion l'irritable gouverneur se promène parfois de long en large, sa longue rapière lui battant les talons, tandis que ses regards vigilants restent fixés sur son rival comme ceux d'un faucon qui examine sa proie du haut de son aire, accrochée aux rameaux de quelque vieil arbre dépouillé.

Il ne descendait jamais dans l'intérieur de la ville qu'en grande pompe, à cheval au milieu de ses gardes, ou dans son carrosse de gala, antique et pesante machine espagnole en bois sculpté, garnie de cuir de Cordoue, tirée par huit mules et environnée de valets de pied, de piqueurs et de laquais.

Il se flattait que cet imposant appareil inspirait aux habitants une crainte respectueuse pour le lieutenant du roi; mais les mauvais plaisants de Grenade, et surtout ceux qui fréquentaient le palais du capitaine général, se moquaient de cette parade ridicule, et, faisant allusion à la réputation détestable des vagabonds de son domaine, le saluaient ironiquement du titre de « roi des mendiants ».

Le droit que s'arrogeait le gouverneur de faire passer en franchise à travers la ville tous les objets nécessaires à la garnison de l'Alhambra, était une cause de querelles sans cesse renaissantes entre ces deux redoutables rivaux. Par degrés ce privilège avait donné lieu à une contrebande effrénée.

Dans tous les coins de la forteresse et au fond des nombreuses cavernes environnantes les contrebandiers avaient établi leurs repaires et y faisaient un commerce très lucratif, sous le couvert des soldats de la garnison de l'Alhambra.

La vigilance du capitaine général s'éveilla : il consulta l'*escribano,* sorte de notaire intrigant et madré, son conseiller et son factotum. Ce dernier, ravi de l'occasion de vexer le vieux potentat de la forteresse et de l'envelopper dans l'inextricable réseau des subtilités légales, recommanda au capitaine général d'insister sur son droit d'examiner tous les convois qui franchissaient les portes de la ville, et rédigea sur l'heure un long factum pour la défense de ce droit. Le gouverneur *manco,* franc comme l'or, mais raide comme une barre de fer, détestait les escribanos comme le diable, et celui-ci en particulier plus que tous les autres.

« Comment! dit-il en retroussant fièrement sa moustache, le capitaine général ose m'envoyer son paperassier pour me confondre! Je lui ferai voir qu'un vieux soldat ne se laisse pas duper par les finasseries d'un robin. »

Il saisit une plume et griffonna de sa grosse écriture une courte lettre où, dédaigneux des arguments, il affirmait son droit absolu de tout faire passer en franchise et sans examen, et menaça de sa vengeance l'officier des douanes assez hardi pour porter une main profane sur les transports couverts du drapeau de l'Alhambra.

Tandis que ces deux potentats méticuleux et entêtés agitaient entre eux cette grave question, il arriva un jour qu'une mule chargée de provisions pour la forteresse se présenta à la porte du Xenil, qu'elle devait franchir pour arriver à destination en traversant le faubourg. A la tête de ce convoi se trouvait un certain caporal grincheux, aussi sec et tranchant qu'une vieille lame de Tolède et formé à l'école du gouverneur, sous les ordres duquel il servait depuis longues années.

Comme ils approchaient de la porte, le caporal déploya sur les sacs de la mule le drapeau de l'Alhambra, et s'avança, raide comme un piquet, la tête droite, mais avec le regard méfiant d'un roquet qui passe sur un terrain dangereux, et se tient également prêt à grogner et à mordre.

« Qui va là? cria la sentinelle qui était à la porte.

— Soldat de l'Alhambra, répondit le caporal sans tourner la tête.

— Que conduisez-vous?

— Vivres pour la garnison.

— Passez. »

Le caporal marcha droit devant lui, suivi de son convoi; mais à peine avait-il fait quelques pas, qu'une troupe de douaniers s'élança d'un petit corps de garde.

« Eh! là-bas! cria le chef, muletier, halte! et ouvre tes paquets. »

Le caporal fit un mouvement de conversion et se rangea en ligne de bataille. « Respectez le drapeau de l'Alhambra, dit-il; ces vivres sont destinés au gouverneur.

— Au diable le gouverneur et son drapeau! Halte! muletier, te dis-je.

— Arrêtez le convoi si vous l'osez, répondit le caporal en armant son mousquet; muletier, en marche. »

Le muletier enveloppa sa mule d'un coup de fouet retentissant; mais l'officier de la douane s'élança et la saisit par la bride; aussitôt le caporal, l'ajustant avec calme, l'étendit mort à ses pieds.

Cet événement mit la rue en révolution. Le caporal fut arrêté, et, après avoir été accablé de coups de pieds et de horions, toujours généreusement distribués par la populace espagnole comme un avant-goût des sévérités de la loi, il fut chargé de chaînes et conduit à la prison de la ville. Ses camarades reçurent l'autorisation de reprendre la route de l'Alhambra après un rigoureux examen de leur convoi.

A la nouvelle de l'insulte faite à son drapeau et de la capture de son caporal, le vieux gouverneur entra dans un violent accès de colère. Il parcourut les salles mauresques comme un furieux, tempêta sur les bastions et jura de mettre à feu et à sang le palais du capitaine général.

Après avoir exhalé le trop-plein de sa fureur, il transmit un message à son rival pour réclamer l'élargissement du prisonnier, sous prétexte que le gouverneur de l'Alhambra était seul juge des offenses commises par ceux qui servaient sous ses ordres.

Le capitaine général, par la plume de l'escribano ravi, rédigea une interminable réponse où il exposait que, le crime ayant eu lieu dans l'enceinte de la ville, sur la personne d'un de ses officiers civils, le coupable appartenait clairement à sa juridiction.

Le gouverneur renouvela sa demande; le capitaine général répliqua par un document encore plus long et plus subtil au point de vue légal; le gouverneur devint plus ardent et plus intraitable dans ses réclamations, et le capitaine général plus glacial et plus copieux en ses réponses; au point que ce vieux lion de gouverneur se mit à rugir de fureur, en se voyant si dangereusement empêtré dans le filet d'une controverse légale.

Tandis que l'escribano rusé s'amusait ainsi aux dépens du gouverneur, il préparait le jugement du caporal; celui-ci, tristement enfermé dans un étroit cachot de la prison, n'avait pas d'autre ressource pour recevoir les consolations de ses amis que de leur montrer son rude visage à travers l'étroite ouverture d'une petite lucarne soigneusement grillée.

Selon la coutume espagnole, l'infatigable escribano ne tarda pas à élever une véritable montagne de témoignages écrits : le caporal en fut accablé. En un clin d'œil il se vit convaincu de meurtre et condamné à être pendu.

En vain le gouverneur fit-il pleuvoir de l'Alhambra les remontrances et les menaces. Le jour fatal était proche, et le caporal fut mis *en capilla*, c'est-à-dire conduit à la chapelle de la prison, ainsi qu'il est d'usage pour les condamnés à mort la veille de leur exécution ; ils ont ainsi tout le temps de méditer sur leur fin prochaine et de se repentir de leurs crimes.

En voyant les choses prendre cette tournure, le vieux gouverneur se détermina à s'occuper de l'affaire en personne. Dans ce but, il commanda son équipage de gala, et, entouré de ses gardes, descendit avec fracas l'avenue de la forteresse et pénétra dans la ville. Une fois arrivé à la demeure de l'escribano, il le fit demander à la porte.

L'œil du vieux Manco étincela comme un charbon ardent en apercevant l'obséquieux serviteur de la loi s'avancer d'un air triomphant.

« Qu'est-ce que cela veut dire ? lui cria-t-il ; on me dit que vous allez mettre à mort un de mes soldats.

— C'est au nom de la loi et selon toutes les règles de la plus stricte justice, répondit d'un air suffisant le vaniteux escribano, qui ricanait en se frottant les mains ; je puis montrer à Votre Excellence le dossier de l'affaire.

— Apportez-le-moi ici, » répliqua le gouverneur. Le digne escribano reprit avec diligence le chemin de son bureau, enchanté de cette nouvelle occasion de déployer son habileté aux dépens de ce vétéran si têtu.

Il revint donc avec un sac bondé de paperasses, et commença la lecture d'une longue déposition avec la volubilité et le ton na-

sillard des gens de sa profession. Pendant
ce temps la foule s'était amassée et l'écoutait avidement, le cou tendu et la bouche
béante.

« Je vous en prie, dit le gouverneur,
montez dans ma voiture et sortez de cette
foule insupportable, afin que je puisse vous
mieux entendre. »

L'escribano entra dans la voiture. Aussitôt
la porte se referma, le cocher fit claquer son
fouet : les mules, le carrosse et l'escorte des
gardes s'ébranlèrent avec fracas et partirent
au galop, laissant les spectateurs dans l'ébahissement ; le gouverneur ne s'arrêta pas
avant d'avoir logé sa proie dans le donjon le plus sûr et le plus impénétrable de
l'Alhambra.

Puis, selon les règles du code militaire, il
envoya un parlementaire proposer un cartel
pour l'échange des prisonniers : le caporal
pour le notaire. L'amour-propre du capitaine
général fut piqué au vif ; il envoya un refus
dédaigneux, et fit immédiatement élever au
milieu de la Plaza Nueva une haute et solide
potence pour l'exécution du caporal.

Le caporal, l'ajustant avec calme, l'étendit mort à ses pieds.

« Oh! oh! est-ce de cela qu'il retourne? » s'écria le gouverneur Manco. Sans retard il donna l'ordre de dresser un gibet au bord même du bastion dominant la Plaza. « Maintenant, envoya-t-il dire au capitaine général, vous pouvez pendre mon soldat quand cela vous fera plaisir; mais, à l'instant même où son corps se balancera au milieu de la place, vous pourrez voir votre escribano frétiller dans les airs. »

Le capitaine général demeura inflexible; les troupes se rangèrent sur la place, les tambours battirent aux champs, et la cloche jeta des sons lugubres. Une immense multitude de spectateurs était réunie pour assister à l'exécution.

D'autre part, le gouverneur déploya aussi ses soldats sur le bastion, et fit sonner le glas funèbre du notaire à la *torre de la Campana*, ou tour de la Cloche.

A ce moment, la femme du notaire, suivie d'une nombreuse progéniture de petits escribanos en herbe, fendit la foule, se jeta aux pieds du capitaine général, et le conjura de ne point sacrifier à une question d'amour-propre la vie de son mari, son bonheur et l'avenir de tous ses enfants. « Vous connaissez trop bien le vieux gouverneur, ajouta-t-elle, pour douter un seul instant qu'il n'exécute ses menaces si vous laissez pendre le soldat. »

Le capitaine général ne put résister à ses larmes, à ses lamentations et aux cris de désespoir de toute cette nichée d'enfants. Le caporal fut donc renvoyé sous escorte à l'Alhambra, dans son costume de condamné à mort, encapuchonné comme un moine, mais la tête toujours droite et les traits impassibles. On réclama l'escribano, selon les conditions du cartel, et l'homme de loi, autrefois si remuant et si fier, fut extrait du donjon plus mort que vif. Son audace et son impertinence s'étaient évaporées; ses cheveux, dit-on, avaient blanchi de frayeur, et son regard abattu et humilié annonçait l'homme qui sent encore autour de son cou la terrible cravate de chanvre.

Le vieux gouverneur mit son poing sur sa hanche et le contempla un instant avec un froid sourire. « Dorénavant, mon ami, lui dit-il, modérez votre zèle à envoyer les gens à la potence, et ne vous croyez pas trop à l'abri, même quand vous avez mis la loi de votre côté; surtout prenez garde une autre fois à ne point lutter de finesse avec un vieux soldat. »

CHAPITRE XXI

LE GOUVERNEUR MANCO ET LE SOLDAT

A l'époque où le gouverneur Manco, ou le Manchot, vivait à l'Alhambra, entouré d'un pompeux appareil militaire, il finit par se sentir agacé d'entendre les gens traiter continuellement sa forteresse de vil repaire de filous et de contrebandiers. Ce vieux potentat résolut soudain de réformer cet abus, et, se mettant sérieusement à l'œuvre, chassa de la citadelle tous les vagabonds et contraignit d'innombrables familles de bohémiens à quitter les cavernes des collines environnantes, où ils pullulaient comme des abeilles dans une ruche. Il envoya aussi des patrouilles parcourir les avenues et les sentiers avec ordre d'arrêter tous les individus suspects.

Par une brillante matinée d'été, une de ces patrouilles, composée du vieux caporal grincheux si célèbre par l'aventure du notaire, d'un trompette et de deux soldats, était assise au pied du mur du jardin du Generalife, près de la route qui descend les pentes de la montagne du Soleil, lorsqu'elle entendit le pas d'un cheval et une voix mâle chantant, non sans harmonie, les couplets guerriers d'un vieux chant castillan.

Puis on ne tarda pas à voir paraître un solide gaillard, au visage brûlé par le soleil, vêtu du costume en haillons d'un fantassin, et tenant par la bride un vigoureux cheval arabe, harnaché selon l'ancien usage mauresque.

Étonné à la vue de cet étrange soldat descendant de la montagne solitaire et guidant cette superbe monture, le caporal fit un pas en avant et l'interpella.

« Qui va là ?

— Ami.

— Qui êtes-vous?

— Un pauvre soldat qui revient de la guerre et n'en rapporte pour toute récompense qu'une tête fendue et une bourse vide. »

En ce moment les soldats purent le dévisager avec plus d'attention. Une bande de taffetas noir qui lui traversait le front et une barbe grise augmentaient encore l'audacieuse assurance d'un visage auquel des yeux un peu louches donnaient de temps à autre une expression fugitive de malicieuse gaieté.

Après avoir répondu aux questions de la patrouille, le soldat parut se croire autorisé à leur en poser d'autres en retour.

« Puis-je demander, dit-il, quelle est la ville que j'aperçois au pied de la montagne ?

— Quelle ville? s'écria le trompette; allons, c'est un peu fort. Voici un gaillard qui rôde dans la montagne du Soleil, et vient nous demander le nom de la grande cité de Grenade!

— Granada ! Madre de Dios ! est-ce possible ?

— Peut-être que non, répondit le trompette, et sans doute vous êtes loin de vous douter que les tours que vous apercevez là-bas sont celles de l'Alhambra.

— Fils d'une trompette, répliqua l'étranger, ne plaisantez pas ainsi avec moi; si cette forteresse est bien l'Alhambra, j'ai d'étranges choses à révéler au gouverneur.

— Vous allez en avoir l'occasion, dit le caporal, car c'est notre dessein de vous conduire en sa présence. »

En même temps le trompette saisit le cheval par la bride; les deux soldats prirent chacun un bras de l'inconnu; le caporal, se plaçant en tête du convoi, s'écria : « En avant, marche ! » et toute la troupe partit pour l'Albambra.

La vue de ce soldat déguenillé et de ce superbe coursier arabe, capturés par la patrouille, attira l'attention des flâneurs de la forteresse et de tous les groupes de bavards qui ont coutume de se réunir de bonne heure autour des fontaines et des citernes. La roue du puits cessa de tourner, et les servantes, en tenue négligée, les pieds chaussés d'espadrilles, restèrent immobiles d'étonnement, la bouche béante et leurs cruches à la main, tandis que le caporal passait avec son prisonnier.

Une foule bigarrée ne tarda pas à former l'arrière-garde de l'escorte, en échangeant des signes d'intelligence, et non sans se livrer à mille conjectures. « C'est un déserteur, » disait l'un ; « un contrebandier, » disait l'autre ; « un *bandolero* (brigand), » ajoutait un troisième.

A la fin, la plupart finirent par tomber d'accord que le brave caporal et sa vaillante troupe avaient réussi à s'emparer, au péril de leur vie, d'un capitaine de voleurs des plus dangereux. « Ah ! ah ! disaient les vieilles commères, capitaine ou non, il aura de la chance s'il se tire de la solide et unique griffe du vieux gouverneur Manchot. »

Le gouverneur Manco, assis dans l'une des salles intérieures de l'Alhambra, prenait son chocolat du matin en compagnie de son confesseur, moine franciscain du couvent voisin, quand on annonça qu'un étranger de mine suspecte avait été surpris rôdant aux environs de la forteresse, et se trouvait en ce moment même dans la cour extérieure, où il attendait le bon plaisir de Son Excellence sous la garde du caporal. A cette grave nouvelle le gouverneur se redressa aussitôt, tout pénétré de l'importance de ses hautes fonctions. Il remit précipitamment sa tasse de chocolat entre les mains d'une servante, demanda à grands cris et ceignit sa rapière à large poignée en forme de corbeille, retroussa fièrement ses moustaches, et, s'asseyant dans un vaste fauteuil à haut dossier, ordonna d'un ton rude et d'un air sévère que le prisonnier fût amené en sa présence.

Celui-ci parut, toujours étroitement garrotté et surveillé de près par le caporal, mais sans rien perdre de son air audacieux; il soutint même le regard scrutateur et pénétrant du gouverneur en louchant avec assurance : ce qui déplut fort à ce vieux et susceptible potentat.

« Eh bien, accusé, dit le gouverneur après l'avoir un instant considéré en silence, qu'avez-vous à dire pour votre défense ? Qui êtes-vous ?

— Un soldat revenant des guerres, qui ne l'ont enrichi que de cicatrices et de blessures.

— Un soldat, — hum! — et un fantassin, d'après l'uniforme. Il paraît que vous possédez un magnifique cheval arabe; sans doute il revient aussi des guerres, comme vos cicatrices et vos blessures ?

— S'il plaît à Votre Excellence, j'ai quelque chose de fort étrange à révéler à propos de ce cheval, une chose véritablement merveilleuse, qui intéresse la sécurité de la citadelle et même de la ville de Grenade tout entière. Mais cette révélation ne peut être faite qu'à vous seul, ou en présence de gens honorés de votre entière confiance. »

Le gouverneur réfléchit un instant, puis ordonna au caporal et à ses hommes de se retirer, mais de se tenir en dehors de la porte prêts à obéir au moindre appel. « Ce pieux moine, dit-il, est mon confesseur et peut tout entendre. »

Lorsqu'ils furent seuls, l'aventurier commença son histoire : c'était un gaillard à la langue bien pendue et dont la facilité d'élocution semblait indiquer un rang plus élevé.

« S'il plaît à Votre Excellence, reprit-il, je ne suis, comme je viens de vous le dire, qu'un simple soldat dont le temps de service a été rude ; mais, comme il vient d'expirer, j'ai reçu mon congé, et quitté l'armée de Valladolid pour regagner à pied mon village natal en Andalousie. Hier soir le soleil se couchait au moment où je traversais une immense plaine desséchée de la Vieille Castille.

— Halte ! s'écria le gouverneur ; que me racontez-vous là ? La Vieille Castille est à deux à trois cents lieues d'ici.

— Parfaitement, répondit le soldat de fortune d'un grand sang-froid ; j'ai prévenu Votre Excellence que j'avais d'étranges choses à lui raconter, mais elle pourra s'assurer de leur exactitude en daignant m'écouter avec patience.

— Accusé, vous pouvez continuer, dit le

gouverneur en retroussant sa moustache.

— Comme le soleil allait disparaître, reprit le soldat, je jetai les yeux autour de moi, en quête d'un abri pour la nuit ; aussi loin que ma vue pouvait s'étendre, on n'apercevait pas une seule habitation. Je compris que j'allais être contraint de coucher sur la terre nue, avec mon sac en guise d'oreiller. Mais Votre Excellence est un vieux soldat, et n'ignore pas qu'une nuit passée à la belle étoile n'effraye pas les gens de guerre. »

Le gouverneur fit un signe d'assentiment, et tira son mouchoir de la garde de sa rapière pour chasser une mouche qui bourdonnait avec impertinence autour de son nez.

« Or donc, et pour abréger, continua le soldat, je franchis avec peine plusieurs lieues avant d'arriver à un pont jeté sur un ravin, où coulait un mince filet d'eau presque mis à sec par la chaleur de l'été. A une extrémité du pont s'élevait une tour mauresque dont le sommet était en ruines, mais un caveau paraissait encore intact à la base. Voici, me dis-je, un excellent endroit pour faire halte.

« Je descendis donc au ruisseau, où j'étanchai largement ma soif, car l'eau était fraîche et pure et ma bouche desséchée ; puis, ouvrant mon sac, j'en tirai mes provisions, c'est-à-dire un oignon et quelques croûtes. Assis sur une pierre au bord du ruisseau, je commençai mon souper, avec l'intention de m'installer pour la nuit dans le caveau de la tour ; c'étaient là d'excellents quartiers pour un soldat qui revient de la guerre, et Votre Excellence, qui a servi, j'en suis sûr, saura bien me comprendre.

— J'ai dû me contenter de moins que cela dans mon temps, observa le gouverneur en remettant son mouchoir dans la vaste poignée de sa rapière.

— Tandis que je mâchais tranquillement mes croûtes, poursuivit le soldat, j'entendis du bruit dans le caveau ; j'écoutai et reconnus le pas d'un cheval. Un instant après, une porte s'ouvrit au pied de la tour, près du bord de l'eau, et livra passage à un

Le prisonnier parut, étroitement garrotté et surveillé de près par le caporal.

homme guidant un cheval par la bride. La lueur incertaine des étoiles ne me permit pas de le distinguer clairement ; mais je trouvai suspecte cette promenade au milieu des ruines, en cet endroit solitaire et sauvage. Ce personnage pouvait être un voyageur comme moi, un contrebandier, un bandolero, qui sait? Grâce au Ciel et à ma pauvreté, je n'avais rien à perdre : je restai donc tranquillement assis et continuai à mâcher mes croûtes.

« L'étranger conduisit son cheval au bord de l'eau, tout près de l'endroit où je m'étais installé, ce qui me fournit l'occasion de l'observer attentivement. A mon extrême surprise, il portait le costume arabe, et la lueur des étoiles fit étinceler sa cuirasse et le morion d'acier poli qui protégeait sa tête. Sa monture était harnachée à la mauresque avec de grands étriers aussi larges qu'une pelle. Comme je viens de le dire, il l'amena près du ruisseau, où l'animal plongea sa tête jusqu'aux yeux et se mit à boire si longtemps et si avidement, que je m'attendais à le voir étouffer.

« — Camarade, lui dis-je alors, votre cheval boit de bien bon cœur, et c'est un excellent signe de le voir plonger ainsi son museau dans l'eau avec tant d'ardeur.

« — Il peut s'en donner à son aise, répondit l'inconnu avec un accent arabe, car il y a plus d'un an qu'il a pris sa dernière gorgée.

« — Par Santiago! m'écriai-je, voilà qui l'emporte sur les chameaux que j'ai vus en Afrique. Mais vous avez l'air d'un soldat; voulez-vous vous asseoir et partager mon modeste repas? » A dire vrai, je sentais le besoin d'un compagnon dans cet endroit solitaire, et je m'y contentais fort bien de la société d'un infidèle. Du reste, Votre Excellence n'ignore pas que les soldats ne se montrent jamais très difficiles sur la religion des gens qu'ils rencontrent, et qu'en temps de paix, dans tous les pays, ils fraternisent volontiers entre eux. »

Le gouverneur fit un signe d'assentiment.

« Or donc, comme je viens de le dire, j'invitai l'Arabe à partager mon maigre souper, selon les règles de la plus simple hospitalité.

« — Je n'ai pas le temps de boire ou de manger, répondit-il, car je dois faire une longue course avant le jour.

« — Dans quelle direction ?

« — Du côté de l'Andalousie.

« — C'est précisément ma route, répondis-je ; et comme vous refusez de souper avec moi, vous m'accorderez, je pense, la faveur de monter en croupe sur votre cheval ; il est assez vigoureux pour porter double charge.

« — C'est entendu, » répondit le soldat ; car il n'aurait pu s'y refuser sans se montrer impoli et mauvais camarade, surtout après mon invitation à souper. Il se mit aussitôt en selle, et je m'installai derrière lui.

« — Tenez-vous ferme, dit-il, le cheval file comme le vent.

« — Ne craignez rien, » m'écriai-je ; et nous partîmes.

« Le pas d'abord tranquille du cheval devint un joli trot, puis un galop sérieux, et finit par se transformer en allure désordonnée d'une rapidité vertigineuse. Rochers, arbres, maisons, tout semblait se précipiter en désordre derrière mon dos.

« — Quelle est cette ville ? demandai-je.

« — Ségovie, » répondit-il. Ce mot avait à peine dépassé ses lèvres, que les tours de Ségovie disparaissaient à l'horizon. Nous franchîmes comme un ouragan les montagnes du Guadarrama en rasant les murs de Madrid, et nous traversâmes d'un bond les plaines de la Mancha. Les collines et les vallées, les tours et les villes, ensevelies dans le sommeil, les montagnes, les plaines et les rivières, fuyaient à mes côtés, faiblement éclairées par la lueur incertaine des étoiles.

« Enfin, pour être bref et ne point fatiguer Votre Excellence, le soldat maure arrêta sa monture sur le revers d'une montagne.

« — Nous voici, dit-il, au terme de notre voyage. » Regardant autour de moi, je n'aperçus aucune trace d'habitation, mais seulement l'entrée d'une caverne.

« Tandis que je considérais cet endroit, je vis une multitude de gens revêtus du costume arabe, les uns à cheval, les autres à pied ; ils semblaient arriver sur les ailes du vent des quatre points cardinaux, et leurs rangs pressés s'engouffraient dans la caverne comme des abeilles dans leur ruche.

« Sans me laisser le temps de lui faire une question, le musulman, enfonçant ses longs éperons mauresques dans les flancs de son cheval, le lança au milieu de la foule. Nous suivîmes un chemin tortueux qui descendait dans les entrailles de la montagne. A mesure que nous avancions, une faible lueur, semblable aux premiers rayons de l'aurore, devenait de plus en plus visible ; mais je ne pus m'en expliquer la cause : elle acquit bientôt assez d'intensité pour me permettre de distinguer les objets environnants.

« Sur mon passage, je vis à droite et à gauche l'entrée de vastes cavernes pareilles aux magasins d'un arsenal. Les unes renfermaient des casques et des boucliers, des heaumes, des cuirasses, des lances et des cimeterres suspendus aux murailles, et l'on apercevait dans les autres d'immenses tas de munitions de guerre et des équipages militaires rangés sur le sol.

« Ces préparatifs guerriers si considérables auraient épanoui le cœur d'un vieux soldat comme Votre Excellence. Dans d'autres cavernes s'alignaient d'interminables rangées de cavaliers armés jusqu'aux dents, leurs lances à la main, bannières déployées, et prêts à entrer en campagne ; mais tous se tenaient droits sur leur selle, immobiles comme des statues. Enfin d'autres guerriers sommeillaient, étendus aux pieds de leurs chevaux, dans les salles voisines, et des groupes de fantassins n'attendaient qu'un ordre pour former les rangs. Tous portaient les anciens costumes et l'armure mauresques.

« Bref, Excellence, nous entrâmes dans une immense caverne, ou plutôt un palais, construit en forme de grotte, et dont les murs, veinés d'or et d'argent, semblaient étinceler de diamants, de saphirs et de pierres précieuses les plus variées. A l'extrémité supérieure, un roi maure était assis sur un trône d'or, entouré de ses nobles et d'une

« Apprends, ô chrétien, que tu as devant les yeux la cour
et l'armée de Boabdil. »

garde d'Africains au visage d'ébène, le cimeterre nu à la main. Les milliers d'hommes qui ne cessaient de se présenter en foule passaient un à un devant le trône du monarque et lui rendaient hommage. Un grand nombre étaient vêtus de robes magnifiques, sans aucune souillure, et ornées de bijoux étincelants, ou portaient une armure d'acier poli richement émaillée; tandis que d'autres n'avaient que des vêtements moisis et humides, ou une armure bossuée, ébréchée et dévorée par la rouille.

« Jusqu'alors j'avais retenu ma langue, car Votre Excellence n'ignore pas qu'un soldat à son poste doit s'abstenir de questions; mais il me fut impossible d'observer un plus long silence.

« — Dites-moi, camarade, je vous en prie, que signifie tout ceci?

« — Ceci, répondit le soldat maure, est un grand et effrayant mystère. Apprends, ô chrétien, que tu as devant les yeux la cour et l'armée de Boabdil, le dernier roi de Grenade.

« — Que me dites-vous là? m'écriai-je. Boabdil et sa cour ont quitté l'Espagne, en exil, il y a plusieurs centaines d'années, et tous sont morts en Afrique.

« — C'est ce que racontent vos chroniques menteuses; mais sachez que Boabdil et ses guerriers, après leur combat suprême pour conserver Grenade, ont été renfermés dans cette montagne par la puissance d'un enchantement. Quant au roi et à l'armée qui sortirent des portes de la ville au moment de la reddition de Grenade, ce n'était qu'une troupe de fantômes, d'esprits et de démons autorisés à prendre cette forme pour tromper les monarques chrétiens. Et permettez-moi d'ajouter, mon ami, que l'Espagne entière est aussi livrée à un pouvoir magique. Pas une caverne des montagnes, pas une tour de garde solitaire au milieu de la plaine, ou un château ruiné au sommet des collines, qui ne soient hantés par des guerriers enchantés et endormis depuis des siècles sous les voûtes souterraines, jusqu'à l'expiation des crimes en châtiment desquels Allah a permis que le sceptre de la puissance fût arraché pour un temps des mains de son peuple fidèle. Une fois l'année, la veille de la Saint-Jean, tous sont délivrés de leur enchantement, du coucher au lever du soleil, et reçoivent la permission de venir ici rendre hommage à leur souverain. Cette foule innombrable que vous voyez envahir la caverne n'est composée que de guerriers musulmans, accourus de tous les coins de l'Espagne. Pour moi, ma résidence est cette tour ruinée, près du pont, dans la Vieille Castille; voilà plusieurs centaines d'années que j'y ai pris mes quartiers d'hiver et d'été, et je dois y être de retour avant l'aube. Quant aux bataillons de cavaliers et de fantassins que vous avez aperçus rangés dans les cavernes environnantes, ce sont les guerriers enchantés de Grenade. Il est écrit dans le livre du destin qu'à l'heure même où cet enchantement sera rompu, Boabdil descendra de la montagne à la tête de son armée pour reprendre possession de son trône à l'Alhambra et du souverain pouvoir à Grenade; puis, réunissant tous ses soldats, jusqu'alors endormis dans toutes les parties de la Péninsule, il reconquerra l'Espagne et la replacera sous le joug de la domination musulmane.

« — Et quand tout cela arrivera-t-il? demandai-je.

« — Allah seul le sait. Nous avions espéré que le jour de la délivrance était proche; mais en ce moment règne à l'Alhambra un gouverneur vigilant, vieux et brave soldat, bien connu sous le nom du gouverneur Manco. Aussi longtemps qu'un guerrier de pareille trempe commandera ce poste avancé, toujours prêt à repousser la moindre irruption de l'ennemi venu des montagnes, je crois que Boabdil et ses troupes devront se contenter de rester immobiles, appuyés sur leurs armes pour longtemps inutiles. »

Ici le gouverneur, mettant la main sur son épée, prit une pose verticale et retroussa fièrement sa moustache.

« Pour abréger et ne point fatiguer Votre Excellence, le soldat maure, après avoir ainsi parlé, mit pied à terre.

« — Attendez ici, ajouta-t-il, et veillez sur mon cheval, tandis que je vais plier le genou devant Boabdil. » Sur ces paroles, il se perdit au milieu de la foule qui se dirigeait vers le trône.

« Que faire? pensai-je lorsque je fus seul. Dois-je attendre que cet infidèle revienne et m'entraîne encore, Dieu sait où, sur son coursier fantastique? ou ne vaut-il pas mieux profiter de l'instant pour battre en retraite et laisser là cette armée de revenants? Un soldat n'est pas long à prendre un parti, comme Votre Excellence ne l'ignore pas.

« Quant au cheval, il appartenait à un ennemi déclaré de la religion et du royaume; il était donc de bonne prise, d'après les lois de la guerre. En conséquence, je me glissai de la croupe à la selle, je tirai la bride, en pressant avec vigueur les larges étriers mauresques contre les flancs du cheval, et m'efforçai de lui faire reprendre la route qu'il venait de parcourir.

« Comme nous passions rapidement devant les salles où les cavaliers musulmans étaient rangés en bataillons immobiles, je crus entendre le cliquetis des armes et un sourd murmure de voix. Je donnai à mon coursier une nouvelle ration de coups d'étriers et doublai la vitesse de sa course. Un souffle impétueux rugissait derrière mon dos; mes oreilles étaient assourdies par le fracas de plusieurs milliers de chevaux galopant avec furie; une foule immense m'atteignit, m'entraîna dans ses flots tumultueux et me lança hors de la caverne, où d'innombrables fantômes, balayés par les quatre vents du ciel, se dispersèrent dans toutes les directions.

« Au milieu de l'inexprimable confusion de cette scène désordonnée, je tombai à terre, privé de mes sens. Lorsque je revins à moi, je me trouvai étendu au sommet d'une montagne, et le cheval arabe se tenait debout à mes côtés; car dans ma chute mon bras s'était accroché à la bride, ce qui l'avait empêché, je suppose, de regagner d'un bond les plaines de la Vieille Castille.

« Votre Excellence pourra juger de ma surprise, lorsqu'en regardant autour de moi j'aperçus des haies d'aloès et de figuiers d'Inde, indices d'un climat chaud, et à mes pieds une grande cité avec ses tours, ses palais et une majestueuse cathédrale.

« Je descendis la montagne avec précaution, en tenant mon cheval en main, car je redoutais de le monter, et d'avoir à subir une nouvelle course furibonde. C'est alors que je rencontrai la patrouille, et appris d'elle le nom de cette belle cité de Grenade qui se déroulait à mes yeux, et celui de l'Alhambra, de cette forteresse où réside ce redoutable gouverneur Manco, la terreur des musulmans enchantés.

« A cette nouvelle, je résolus aussitôt d'avoir une entrevue avec Votre Excellence, afin de vous raconter ce que j'avais vu, et de vous faire connaître les périls secrets qui vous entourent et vous menacent. En prenant sans retard les mesures nécessaires vous pourrez mettre la forteresse, et peut-être le royaume lui-même, à l'abri des entreprises de cette armée ténébreuse qui se cache dans les entrailles de la terre.

— Dites-moi, je vous prie, mon ami, vous qui êtes un vétéran formé par de longs services militaires, quel conseil pouvez-vous me donner afin de prévenir ce malheur?

— Il ne convient guère à un simple soldat, répondit modestement le troupier, de chercher à instruire un officier aussi sagace que Votre Excellence; mais il me semble qu'elle devrait fermer par une épaisse et solide muraille l'entrée de toutes les cavernes de la montagne, de telle sorte que Boabdil et son armée fussent pris comme dans un terrier. Et si le bon père que voici, ajouta-t-il en se signant avec dévotion et en saluant respectueusement le moine, consent à bénir ce travail, je pense qu'il pourra résister à toute la puissance magique des infidèles.

— Une telle précaution ne serait sans doute pas inutile, » répondit le moine.

Ici le gouverneur mit fièrement le poing sur la garde de sa bonne épée de Tolède, et regarda fixement le soldat d'un œil scrutateur en branlant légèrement la tête.

« Or donc, mon ami, dit-il, vous me croyez vraiment capable d'avaler ce conte de bonne femme à propos de montagnes et de Maures enchantés? Écoutez-moi bien, accusé, et pas un mot de plus. Vous pouvez être un vieux soldat, mais vous avez affaire à un autre soldat plus vieux que vous et peu disposé à se laisser duper. Holà ! gardes, mettez ce gaillard aux fers. »

Pendant qu'ils l'enchaînaient, un des gardes sentit un objet volumineux dans la poche de cet aventurier, y fouilla et produisit une longue bourse de cuir paraissant bien garnie, qu'il saisit par une extrémité et vida sur la table devant le gouverneur. Jamais sac de maraudeur ne dégorgea un plus riche butin : bagues, bijoux, rosaires en perles fines, croix de diamants étincelants en sortirent pêle-mêle, tandis qu'une profusion d'anciennes monnaies d'or tombèrent bruyamment sur le sol et roulèrent dans tous les coins de la salle.

Pendant un instant la justice interrompit son cours, et il y eut une poursuite générale des brillants et précieux fugitifs. Seul le gouverneur, soutenu par la noble fierté d'un Castillan, conserva sa dignité, bien que son regard parût un peu troublé jusqu'au moment où la dernière pièce d'or et le dernier bijou eurent repris le chemin du sac.

Le moine était loin d'être aussi calme, et sa figure exprima la plus vive indignation à la vue des rosaires et des croix.

« Misérable sacrilège! s'écria-t-il, quelle église ou quel sanctuaire as-tu dépouillés de ces reliques sacrées?

— Ni l'une ni l'autre, révérend Père; si ces dépouilles sont sacrilèges, elles ont été enlevées, il y a plusieurs siècles, par le soldat infidèle dont je viens de parler. J'allais précisément dire à Son Excellence, au moment où elle m'a interrompu, qu'en prenant possession du cheval arabe je décrochai aussi un sac de cuir suspendu à la selle, dans l'idée qu'il devait contenir le butin de guerre recueilli autrefois par le cavalier musulman, à l'époque où les Maures parcouraient le pays.

— C'est parfait; mais pour l'heure résignez-vous à prendre vos quartiers dans une salle de la tour Vermeille; elle est libre de toute influence magique, et vous y serez aussi à l'abri que dans les cavernes de vos Maures enchantés.

— Votre Excellence peut agir à sa guise,

répondit froidement le prisonnier, et je la remercie d'avance, quel que soit l'endroit qui me soit destiné. Un soldat qui a fait campagne n'est pas difficile sur le logement, comme Votre Excellence ne l'ignore pas; pourvu que le donjon soit confortable et les rations régulières, je finirai bien par m'y trouver à l'aise. Puisque Votre Excellence prend un si grand soin de ma personne, je la supplierai d'avoir l'œil ouvert sur sa forteresse, et de penser à l'avis précieux que je lui ai donné de murer l'entrée des cavernes de la montagne. »

Ainsi se termina cette scène. Le prisonnier fut enfermé dans un solide cachot de la tour Vermeille; Son Excellence le gouverneur logea soigneusement le cheval arabe dans ses écuries, tandis que le sac du troupier et son riche contenu prenaient le chemin du coffre fort de Son Excellence.

Afin d'expliquer ces mesures aussi promptes que sévères du vieux gouverneur Manco, nous devons faire observer que, vers cette époque, les montagnes des Alpuxarras, dans le voisinage de Grenade, étaient infestées par une bande de voleurs commandés par un hardi capitaine, nommé Manuel Borasco. Ces brigands avaient coutume de rôder dans le pays, et ne craignaient même pas d'entrer en ville, sous divers déguisements, pour s'informer du jour où devaient partir les convois de marchandises et les voyageurs à la bourse bien garnie, qu'ils s'empressaient d'arrêter aux endroits éloignés et solitaires de la route.

Tant et de si audacieux méfaits avaient attiré l'attention du gouvernement, et les commandants des différents postes reçurent l'ordre de se tenir sur le qui-vive et de mettre la main sur tous les traînards suspects.

Le gouverneur Manco se montra particulièrement zélé à cause du mauvais renom de sa forteresse, et resta convaincu qu'il venait précisément d'empoigner le plus dangereux coquin de toute la bande.

Cependant le bruit de cette arrestation se répandit et devint le sujet des conversations, non seulement à l'Alhambra, mais dans toute la ville de Grenade. On disait que le fameux brigand Manuel Borasco, la terreur des Alpuxarras, venait de tomber entre les griffes du vieux gouverneur Manco, qui l'avait claquemuré dans un étroit cachot de la tour Vermeille; aussi tous les gens dépouillés arrivaient-ils en foule reconnaître leur voleur.

On sait que les tours Vermeilles, bâties sur une colline voisine de l'Alhambra, sont séparées du corps principal de la forteresse par un ravin que suit la grande avenue. Il n'existait pas en cet endroit de murailles extérieures, mais une sentinelle allait et venait au pied de la tour.

La fenêtre du cachot où l'on avait enfermé le prisonnier était solidement grillée et prenait jour sur une petite esplanade. Là les bonnes gens de Grenade venaient le contempler comme une hyène glapissant à travers les barreaux de la cage d'une ménagerie. Personne néanmoins ne reconnut Manuel Borasco; car ce terrible brigand était doué d'une physionomie féroce et n'avait pas le regard louche, mais toujours facétieux, de l'aventurier.

Les visiteurs arrivaient en foule, non seulement de la ville, mais des campagnes environnantes; aucun d'eux ne le connaissait, et les gens du peuple commençaient à ajouter foi au récit qu'il avait fait au gouverneur. Que Boabdil et son armée fussent encore enfermés dans les entrailles de la montagne, c'était là une vieille tradition que la plupart des anciens habitants avaient recueillie de la bouche même de leurs ancêtres.

Un grand nombre de curieux gravirent la montagne du Soleil, ou plutôt de Sainte-Hélène, afin de retrouver l'entrée de la caverne indiquée par le soldat; leurs yeux interrogèrent avec effroi le noir abîme creusé jusqu'au cœur de la montagne, Dieu sait à quelle profondeur! et que l'on considère encore aujourd'hui comme l'entrée enchantée du royaume souterrain de Boabdil.

Peu à peu le soldat devint populaire. Un flibustier montagnard ne joue point en Espagne le rôle méprisé auquel se résigne un voleur de grand chemin dans un autre pays : bien au contraire, c'est un héros chevaleresque aux yeux des gens du peuple. Les

Le vieux caporal se tenait au pied du lit, son rude visage
bouleversé par la terreur.

hommes ne perdent jamais cette tendance à murmurer contre les dépositaires du pouvoir; aussi commençait-on à trouver injustes les mesures rigoureuses du vieux gouverneur Manco et à considérer le prisonnier comme un martyr.

D'ailleurs, notre aventurier se montrait gai et joyeux compagnon, toujours prêt à plaisanter avec ceux qui s'approchaient de sa fenêtre, et de plus fort galant envers les dames. Il avait, on ne sait comment, trouvé moyen de se procurer une vieille guitare; assis à sa fenêtre, il chantait d'attendrissantes ballades, à la grande joie de la population féminine des environs, qui s'assemblait le soir sur l'esplanade et y dansait des *boleros* aux sons de sa musique. Comme il avait soigneusement taillé sa barbe inculte, son visage basané fut trouvé fort agréable, et les plus enthousiastes allaient même jusqu'à prétendre que sa manière de loucher était positivement irrésistible. Très émus d'une si grande infortune, les domestiques du gouverneur s'employaient secrètement à adoucir les rigueurs de la prison. Chaque jour ils apportaient au captif quelques bribes délicates tombées de la table du vieux Manco ou extraites de son garde-manger, et arrosées de temps à autre d'un bon cru de Val de Peñas ou d'une fine bouteille de généreux Malaga.

Pendant que cette petite trahison suivait tranquillement son cours au cœur même de la citadelle du vétéran, une guerre formidable couvait à l'extérieur. La nouvelle qu'un sac rempli d'or et de bijoux avait été saisi sur la personne du prétendu voleur courait dans toute la ville de Grenade, accompagnée des commentaires les plus fantastiques. L'ennemi acharné du gouverneur, le capitaine général, souleva aussitôt l'éternelle question de juridiction territoriale, et insista sur ce point que le prisonnier avait été capturé en dehors de l'Alhambra et sur un terrain soumis à son autorité. Il réclama donc la remise du corps et les *spolia opima* saisis avec lui.

D'autre part le moine franciscain avait dûment informé les autorités ecclésiastiques de l'existence des croix et des rosaires trouvés dans le sac, et celles-ci exigeaient à leur tour qu'on livrât le coupable. La guerre fut implacable; le gouverneur devint furieux et jura que, loin de rendre son captif, il le ferait pendre dans l'enceinte de l'Alhambra, comme espion arrêté sur le territoire de la forteresse.

Le capitaine général menaça d'envoyer une troupe de soldats transférer le prisonnier de la tour Vermeille aux cachots de la ville. Ces noirs desseins ne furent communiqués au gouverneur qu'assez tard dans la soirée.

« Qu'ils viennent, s'écria-t-il, je serai prêt : il faut se lever de bon matin pour surprendre un vieux soldat. » En conséquence il ordonna que le prisonnier fût transféré, dès l'aube, à l'intérieur de l'Alhambra. « Ne manquez pas, dit-il ensuite à son domestique de confiance, de venir frapper à ma porte avant le chant du coq, afin que je surveille cette affaire en personne. »

Le jour parut, le coq chanta, mais personne ne vint heurter à la porte du gouverneur. Le soleil, s'élevant avec majesté au-dessus du sommet des montagnes, vint éclairer les fenêtres du vétéran avant que celui-ci fût tiré de son lourd sommeil par le vieux caporal, qui se tenait debout au pied de son lit, son rude visage bouleversé par la terreur.

« Il est parti, il s'est sauvé ! cria le fidèle troupier d'une voix étranglée.

— Qui est parti? qui s'est sauvé?

— Le soldat, le voleur, ou le diable, autant que je puis savoir; la prison est vide, mais la porte est fermée à clef : impossible de comprendre comment il en est sorti. »

Cette découverte piqua au vif l'irascible gouverneur; à peine eut-il le temps de froncer les sourcils, qu'une nouvelle calamité vint fondre sur sa tête. En entrant dans son cabinet il aperçut son coffre-fort ouvert; la bourse de cuir du troupier avait disparu, entraînant dans sa retraite deux sacs ventrus et tout gonflés de doublons.

Mais comment et par où le fuyard avait-il pris la clef des champs? Un vieux paysan, habitant une chaumière au bord de la route qui monte à la Sierra, déclara avoir entendu, au point du jour, le piétinement d'un cheval vigoureux lancé dans la direction de la montagne. Il avait aussitôt mis la tête à la fenêtre, mais sans pouvoir distinguer autre chose qu'un cavalier qui filait avec la rapidité d'une flèche.

« Fouillez les écuries ! » s'écria le gouverneur Manco. On fouilla les écuries : tous les chevaux occupaient leurs stalles, à l'exception du beau coursier arabe. Mais à sa place un solide gourdin était attaché à la mangeoire avec une étiquette portant ces mots :

« Offert au gouverneur Manco par un vieux soldat. »

CHAPITRE XXII

MUHAMED ABU ALAHMAR FONDATEUR DU PALAIS DE L'ALHAMBRA

Après avoir offert à la curiosité de mes lecteurs tant et de si merveilleuses légendes de l'Alhambra, je me crois obligé de leur faire maintenant connaître quelques épisodes plus sérieux de son histoire, ou plutôt l'histoire même de ces princes magnifiques, à qui le monde est redevable de la fondation et de l'heureux achèvement de ce pittoresque et gracieux palais oriental. Afin de me procurer les documents nécessaires, il me fallut descendre de la merveilleuse région des fables, où l'imagination règne en maîtresse absolue, et porter mes recherches au milieu des volumes poudreux de la bibliothèque des jésuites, à l'université. Ce riche trésor de science et d'érudition, autrefois si célèbre, n'est plus que l'ombre de lui-même depuis qu'il a été dépouillé de ses manuscrits et de ses livres les plus rares par les Français, à l'époque où ils s'emparèrent de Grenade. Néanmoins il renferme encore d'énormes in-folio de polémique dus à la plume des pères jésuites, plusieurs ouvrages fort curieux de littérature espagnole, et surtout un certain nombre de ces vieilles chroniques, habillées de parchemin, qui m'inspirent une vénération particulière.

Renfermé dans cette antique bibliothèque, j'ai pu consacrer de longues et délicieuses heures, sans jamais être dérangé, à de véritables expéditions littéraires ; car on avait eu l'obligeance de me confier les clefs des portes et des vieilles armoires, que j'étais libre de fouiller à l'aise et sans témoins : faveur bien rarement accordée dans ces sanctuaires de la science, des lettres et de toutes les connaissances humaines, où les sources de l'érudition, trop souvent, hélas! et trop hermétiquement scellées, font éprouver aux laborieux chercheurs de documents les tortures de la soif.

Pendant le cours de ces visites, je parvins à recueillir les détails suivants sur les personnages historiques dont je viens de parler.

Les Maures de Grenade considéraient l'Alhambra comme une merveille de l'art; une de leurs traditions attribuait en outre au royal constructeur du palais un pouvoir magique ou des connaissances en alchimie, grâce auxquelles il avait pu se procurer les sommes immenses englouties dans ce travail. Un court aperçu de son règne nous fera découvrir le secret de ces richesses.

Le nom exact de ce monarque, tel qu'on le voit inscrit sur les murailles de quelques salles, était Abu Abd'Allah (père d'Abdallah); mais il est plus connu dans les chroniques arabes sous celui de Muhamed Abu Alahmar (Mahomet, fils d'Alahmar), ou, par abréviation, Abu Alahmar.

Il naquit à Arjona, dans l'année de l'hégire 591, ou en 1195 de l'ère chrétienne, et sortait de la noble famille des Beni Nasar, ou fils de Nasar; ses parents n'épargnèrent aucune dépense pour le rendre digne de la haute position où l'appelaient l'opulence et les dignités de sa famille. Les Sarrasins d'Espagne étaient d'une civilisation fort avancée; chaque ville importante, devenue un foyer littéraire et artistique, pouvait aisément fournir les maîtres les plus renommés pour un jeune homme riche et de grande naissance. Abu Alahmar, arrivé à l'âge d'homme, fut nommé alcayde ou gouverneur d'Arjona et de Jaen, et se rendit très populaire par sa bonté et sa justice.

Quelques années plus tard, à la mort d'Abu Hud, la puissance arabe se démembra pour se diviser en factions, et beaucoup de villes se déclarèrent en faveur d'Abu Alahmar. Ce dernier, ardent et ambitieux, parcourut le pays, où il fut salué d'universelles acclamations. En l'année 1238, il fit son entrée à Grenade au milieu des cris enthousiastes et des transports de joie du peuple, qui le reconnaissait pour roi; il ne tarda pas à devenir le chef des musulmans d'Espagne, et le premier de cette illustre famille des Beni Nasar qui alla s'asseoir sur le trône.

Son règne le fit bénir par ses sujets. Il nomma gouverneurs des différentes villes ceux qui s'étaient distingués par leur valeur, leur prudence, et jouissaient de l'estime du peuple; sa police, bien organisée, se montra vigilante, et la justice fut rendue d'une manière équitable. Les pauvres et les affligés arrivaient facilement en sa présence, et il se chargeait lui-même d'écouter leurs plaintes et de les assister. Il bâtit des hôpitaux pour les aveugles, et tous ceux que l'âge et les infirmités rendaient incapables de travail; il allait personnellement les visiter, non à jour fixe et en grande pompe, ce qui donne le temps de tout préparer et de dissimuler les abus, mais inopinément et sans être annoncé, de manière à pouvoir vérifier par un examen attentif comment les malades y étaient traités par ceux qu'il avait chargés de veiller à leurs besoins.

Des écoles et des collèges avaient aussi été fondés par ses soins, et il ne se montrait pas moins vigilant à y venir s'assurer de la bonne éducation donnée à la jeunesse. Des boucheries et des fours publics permettaient au peuple de se procurer une nourriture

saine et d'un prix modéré. Il fit amener d'abondants cours d'eau jusque dans la ville, installa des bains et des fontaines, et construisit des aqueducs et des canaux pour irriguer et fertiliser la Vega.

Ces sages et utiles travaux firent régner l'abondance et la prospérité dans cette ville magnifique ; de riches convois se pressaient à ses portes ; les produits du luxe et les marchandises de tous climats et de tous pays s'accumulaient dans ses entrepôts.

Tandis que Muhamed Abu Alahmar gouvernait ainsi son beau royaume avec tant d'intelligence et de bonheur, il se vit tout à coup menacé des horreurs de la guerre. Les chrétiens, profitant à cette époque du démembrement de la puissance musulmane, s'emparaient rapidement de leur ancien territoire. Jacques le Conquérant avait soumis Valence, et le saint roi Ferdinand avait porté ses armes victorieuses au cœur de l'Andalousie. Ce dernier monarque investit la ville de Jaen et jura de ne point lever le camp avant de s'être rendu maître de la place.

Muhamed Abu Alahmar était bien convaincu de l'impossibilité de résister avec ses faibles ressources au puissant souverain de la Castille. Prenant donc une résolution soudaine, il se rendit en secret au camp des chrétiens, et apparut tout à coup en présence du roi Ferdinand. « Vous voyez devant vous, lui dit-il, Muhamed, roi de Grenade ; je me confie à votre bonne foi et me place sous votre protection. Prenez tout ce que je possède et recevez-moi comme votre vassal. » Sur ces paroles il fléchit le genou et baisa la main du roi en signe de soumission.

Le roi Ferdinand, touché de cette preuve de confiance, résolut de ne point se laisser dépasser en générosité. Il releva son ancien rival en l'embrassant comme un ami ; et, sans vouloir accepter les richesses qu'il mettait à ses pieds, il se contenta de le recevoir en qualité de vassal et lui laissa son royaume, mais en lui imposant l'obligation de payer un tribut annuel, de siéger aux Cortès en qualité de prince feudataire de l'empire, et de l'assister en temps de guerre à la tête d'un certain nombre de cavaliers.

Muhamed ne tarda pas à être convoqué avec ses troupes afin d'aider le roi Ferdinand à faire le siège si fameux de Séville. Le roi maure sortit de Grenade escorté de cinq cents cavaliers choisis parmi les plus habiles à manier le bouclier et la lance. C'était pour eux un service aussi pénible

« Vous voyez devant vous Muhamed, roi de Grenade. »

qu'humiliant, car ils allaient tirer l'épée contre leurs frères dans la foi.

Malgré la tristesse de son cœur, Muhamed se distingua dans cette célèbre expédition par son courage; mais l'humanité dont il fit preuve en conseillant au roi Ferdinand d'adoucir l'extrême rigueur des usages de la guerre fut son plus grand titre de gloire. Lorsque, en 1248, la célèbre cité de Séville se rendit au monarque castillan, Muhamed, assombri par de funestes pressentiments, revint dans ses États. Il voyait se multiplier des périls menaçants pour la cause musulmane, et laissa échapper cette exclamation, qui lui était devenue familière aux moments de trouble et d'anxiété: « Ah! que la vie serait dure et pénible, si notre espérance n'était pas si grande et si ferme! »

Que angosta y miserabile seria nuestra vida, si no fuera tan dilatada y espaciosa nuestra esperanza!

Lorsque ce conquérant, au cœur si affligé, approcha de sa bien-aimée Grenade, le peuple, qui le chérissait comme un bienfaiteur, se porta en foule à sa rencontre, impatient et joyeux de le revoir. On avait élevé des arcs de triomphe pour célébrer ses exploits, et partout où il passait les cris de *el Ghalib,* ou le Conquérant, l'accueillaient de toutes parts. A ce nom, Muhamed secoua la tête. *Wa la ghalib ila Allah!* s'écriat-il. « Il n'y a d'autre conquérant que Dieu ! » Et depuis lors ces paroles furent sa devise ; il la fit inscrire sur une bande qui traversait obliquement son écu, et ses descendants la conservèrent.

Muhamed avait acheté la paix en se soumettant au joug des chrétiens; mais il n'ignorait pas qu'elle ne pouvait être profonde et durable au milieu d'éléments si discordants et de haines si vives et si anciennes. Guidé par cet antique proverbe: « Arme-toi dans la paix, et munis-toi de vêtements même au cœur de l'été, » il profita de ce moment de répit pour fortifier ses États, remplir ses arsenaux et favoriser les arts utiles, véritables sources de la richesse et de la puissance d'un empire.

Les artisans les plus habiles reçurent des récompenses et des privilèges; il améliora la race des chevaux et des autres animaux domestiques, et encouragea l'agriculture ; cette protection doubla la fertilité naturelle du sol et transforma les ravissantes vallées de son royaume en jardins embaumés et fleuris. Il surveilla la fabrication de la soie avec tant de sollicitude, que les métiers de Grenade produisirent des tissus dont la finesse et la beauté l'emportaient sur ceux de la Syrie. Les mines d'or, d'argent et d'autres métaux, découvertes dans les régions montagneuses de son royaume, furent activement exploitées ; il fut le premier roi de Grenade qui fit frapper à son nom des pièces d'or et d'argent, en donnant les plus grands soins à la bonne exécution de ce travail.

Vers le milieu du xiiie siècle, et aussitôt après son retour du siège de Séville, Muhamed posa la première pierre du splendide palais de l'Alhambra ; il en surveilla lui-même la construction, et avait coutume de s'entretenir familèrement avec les artistes et les ouvriers dont il dirigeait les travaux.

Magnifique dans ses œuvres et large dans ses entreprises, ce prince néanmoins de-

meurait toujours simple dans sa personne
et modéré dans ses goûts. Son costume n'était
pas seulement dépourvu de splendeur, mais
si modeste qu'à grand'peine pouvait-on le
distinguer au milieu de ses sujets.

Il était allié aux principales familles de sa
noblesse, qu'il combla de ses bienfaits et
réussit à maintenir dans l'union et la con-
corde. La plus grande partie de son temps
s'écoulait dans ses jardins, surtout à l'Alhambra, où il avait réuni les plantes les
plus rares et les fleurs les plus remarquables
par leur beauté et leur parfum. Là son bonheur était de se livrer à la lecture de récits
historiques, qu'il se faisait aussi lire ou
raconter; dans ses moments de loisir il s'occupait lui-même de l'instruction de ses trois
fils, pour lesquels il avait fait venir les
maîtres les plus savants et les plus vertueux.

Comme il s'était ouvertement et volontai-
rement déclaré vassal et tributaire de Ferdinand, il garda loyalement sa parole, et
à plusieurs reprises lui donna des preuves
de son inviolable fidélité. Lorsque cet illustre

monarque mourut à Séville, en 1254, Muhamed Abu Alahmar envoya porter à son successeur Alphonse X ses compliments de condoléance, par des ambassadeurs escortés de cent cavaliers maures du plus haut rang; ceux-ci, portant une torche allumée, devaient entourer le cercueil royal pendant les cérémonies funèbres. Ce haut témoignage de respect fut renouvelé par le monarque arabe jusqu'à la fin de sa vie; à chaque anniversaire de la mort du roi *Fernando el Santo*, les cent chevaliers maures se rendaient de Grenade à Séville, et allaient se ranger, leurs flambeaux à la main, au milieu de la somptueuse cathédrale de Séville, autour du catafalque de l'illustre défunt.

Muhamed Abu Alahmar conserva toutes ses facultés et sa vigueur jusqu'à un âge fort avancé. Dans sa soixante-dix-neuvième année il monta encore à cheval, et se mit en campagne, à la tête de la fleur de ses chevaliers, pour résister à une invasion de son territoire. Au moment où son armée franchissait la porte de Grenade, un des principaux *adalides*, ou guides, qui marchait en avant, brisa sa lance contre la voûte. Les conseillers du roi, alarmés par cet accident, de mauvais augure à leurs yeux, le conjurèrent de retourner sur ses pas. Leurs supplications furent vaines; le roi persista dans son dessein : à midi, racontent les vieilles chroniques, ce funeste présage eut son fatal accomplissement. Muhamed, frappé d'une indisposition soudaine, faillit tomber de son cheval. Étendu sur une litière, on le conduisit vers Grenade; mais sa maladie s'aggrava tellement, qu'il fallut planter sa tente au milieu de la Vega. Ses médecins, consternés, ne savaient quels remèdes prescrire. Il mourut en quelques heures, vomissant des flots de sang et secoué par de violentes convulsions.

Le prince castillan don Philippe, frère d'Alphonse X, se trouvait à ses côtés au moment de sa mort. Son cadavre, embaumé et renfermé dans un cercueil d'argent, fut enseveli à l'Alhambra et recouvert d'un monument en marbre précieux, au milieu des larmes sincères de ses sujets, qui le regrettaient comme un père.

Tel fut ce prince éclairé et patriote, fondateur de l'Alhambra, où brille encore son nom glorieux, gracieusement entrelacé des sculptures les plus délicates; et ce nom est bien fait pour suggérer de hautes pensées et rappeler de grands souvenirs à ceux qui parcourent ces salles ruinées, témoins muets de la magnificence de cet illustre monarque.

Malgré ses entreprises grandioses et ses royales dépenses, soutenues par une égale générosité, son trésor ne fut jamais vide; cette apparente contradiction lui fit attribuer des connaissances magiques et la possession du secret pour transformer en or les plus vils métaux. La manière prudente avec laquelle il gouverna les affaires de son royaume fera aisément comprendre aux observateurs attentifs par quelle magie naturelle et quelle innocente alchimie il réussit toujours à remplir son trésor.

CHAPITRE XXIII

YUSEF ABUL HAGIG, CELUI QUI TERMINA L'ALHAMBRA

Au-dessous des appartements du gouverneur de l'Alhambra se trouve la mosquée royale où les monarques arabes se livraient à leurs dévotions privées. Bien qu'elle soit devenue une chapelle catholique, elle a conservé les traces de son origine musulmane, et l'on y aperçoit encore les colonnes sarracéniques avec leurs grandes lettres capitales dorées, et la galerie grillée des femmes du harem. Les écussons des rois maures se mêlent sur les murailles à ceux des monarques castillans.

En cet endroit consacré périt l'illustre Yusef Abul Hagig, prince magnanime à qui l'on doit l'achèvement de l'Alhambra, et dont les vertus et les hautes qualités ne l'ont pas rendu moins célèbre que son illustre prédécesseur, qui en posa la première pierre. C'est donc avec joie que je viens tirer de l'obscurité, où trop longtemps il est demeuré enseveli, le nom d'un autre prince de cette race disparue et à peu près oubliée qui régna sur l'Andalousie, au sein de la splendeur et de l'élégance, à l'heure même où le reste de l'Europe pouvait encore passer pour barbare.

Yusef Abul Hagig (ou Haxis, comme on l'écrit parfois) monta sur le trône de Grenade en l'année 1333; les grâces de sa personne et ses qualités morales lui gagnèrent tous les cœurs, et firent naître l'espoir d'un règne bienfaisant et prospère. A une beauté virile s'alliaient en lui un extérieur plein de noblesse et une vigueur remarquable; il avait le teint très clair, et, selon les chroniques arabes, la gravité et la dignité de sa personne étaient singulièrement accrues par la majestueuse longueur de sa barbe, soigneusement teinte en noir. Son excellente mémoire lui ouvrait à propos ses trésors de science et d'érudition; doux, affable et courtois, il était d'un caractère enjoué et passait en outre pour le meilleur poète de son temps.

Yusef ne manquait pas de bravoure, comme tous les esprits vraiment généreux, mais son génie se prêtait mieux aux entreprises pacifiques qu'aux exploits guerriers; souvent obligé d'avoir recours aux armes pendant son règne, il fut presque toujours malheureux. La bonté de son cœur éclatait au milieu même des horreurs de la guerre, où il interdisait toute cruauté inutile et ordonnait d'assister et de protéger les femmes, les enfants, les vieillards et les infirmes, les moines et toutes les personnes vouées à la pieuse existence des reclus.

Parmi ses campagnes désastreuses il faut compter la grande expédition entreprise, de concert avec le roi de Maroc, contre les rois de Castille et de Portugal, et qui se termina par sa défaite à la mémorable bataille de Salado; ce grave insuccès faillit anéantir la puissance des Arabes en Espagne.

A la suite de ce malheur, Yusef obtint une longue trêve, durant laquelle il s'occupa de l'éducation intellectuelle et morale de son peuple et de l'amélioration de ses mœurs. Pour atteindre ce but, il établit des écoles dans tous les villages, et y fit donner l'instruction d'après une méthode simple et uniforme; chaque hameau comprenant plus de douze feux dut posséder une mosquée. Divers abus qui s'étaient introduits dans les cérémonies de la religion et les réjouissances publiques furent sévèrement interdits.

Il s'occupa très activement de la police de la ville, organisa des gardes et des rondes de nuit, et ne négligea aucun des services municipaux. Son attention se porta ensuite sur l'achèvement des grands travaux d'architecture inaugurés par ses prédécesseurs, et sur l'exécution de ceux dont il avait donné les plans. C'est à cette époque que l'Alhambra, commencé par le vertueux et bon Abu Alahmar, fut terminé. Yusef construisit la magnifique porte de la Justice, qui forme la grande entrée de la forteresse, et l'acheva en 1348. Il orna aussi un grand nombre des cours et des salles du palais, ainsi que l'attestent les inscriptions des murailles, où son nom reparaît à chaque instant. De plus, il éleva le noble Alcazar, ou citadelle, de Malaga, aujourd'hui triste amas de ruines, mais dont les décorations intérieures devaient sans doute rivaliser de somptueuse élégance avec celles de l'Alhambra.

Le génie d'un monarque laisse une empreinte ineffaçable sur son époque. Les nobles de Grenade, fidèles imitateurs des goûts gracieux et délicats d'Yusef, remplirent bientôt la ville de palais magnifiques, dont les salles étaient pavées en mosaïque, les murs et les plafonds ornés de sculptures finement dorées et nuancées d'azur, de vermillon et d'autres brillantes couleurs, ou patiemment incrustés de cèdre et des bois les plus rares; les débris de ces travaux artistiques ont traversé les siècles sans rien perdre de leur éclat et de leur beauté. Dans un grand nombre de ces demeures, d'élégants jets d'eau, jaillissant des fontaines, rafraîchissaient l'air, et de hautes tours en bois ou en pierres, recouvertes d'ornements bizarres et de plaques de métal, étincelaient au soleil. Tel était le genre d'architecture qui répondait le mieux au goût délicat et raffiné de ce peuple élégant : il suffit à justifier cette charmante comparaison d'un auteur arabe, que « Grenade, sous le règne de Yusef, ressemblait à un vase d'argent rempli d'émeraudes et d'hyacinthes ».

Une seule anecdote prouvera la magnanimité de ce généreux prince. On touchait à la fin de la longue trêve survenue après la bataille de Salado, et qu'Yusef s'était vainement efforcé de renouveler. Son mortel ennemi, Alphonse XI de Castille, s'était mis en campagne avec des forces considérables, et assiégeait Gibraltar. Yusef prit les armes à contre-cœur et envoya des troupes au secours de la place, quand, au milieu de ses inquiétudes, il apprit que ce redoutable adversaire venait tout à coup de succomber à la peste. Au lieu de manifester sa joie à la nouvelle de cette mort, Yusef, se rappelant les grandes qualités du défunt, en éprouva de généreux regrets. « Hélas ! s'écria-t-il, le monde vient de perdre un de ses plus excellents princes, un monarque qui savait dignement reconnaître le mérite d'un ami, et même d'un ennemi ! »

Les chroniqueurs espagnols eux-mêmes rendent hommage à la grandeur d'âme d'Yusef, et rapportent que les chevaliers maures, partageant les nobles sentiments de leur roi, prirent le deuil à la mort d'Alphonse. Les habitants de Gibraltar eux-mêmes, si étroitement assiégés, renoncèrent à toute attaque contre les chrétiens, lorsqu'ils apprirent que leur royal ennemi était étendu mort dans sa tente. Le jour de la levée du camp et du départ de l'armée, emportant le corps d'Alphonse, les Arabes sortirent en foule de Gibraltar et regardèrent tristement, dans un respectueux silence, s'éloigner le funèbre cortège. Tous les commandants mauresques des frontières, inspirés par le même respect pour le défunt, laissèrent librement passer le convoi qui transportait les restes du monarque chrétien de Gibraltar à Séville [1].

---

[1] « Y los Moros que estaban en la villa y castillo de

Yusef ne survécut pas longtemps au rival dont il avait si généreusement déploré la perte. L'an 1354, un jour qu'il priait dans la mosquée de l'Alhambra, un fou, s'étant jeté sur lui par derrière, le frappa d'un coup de poignard au côté. Les cris du roi amenèrent les gardes et les courtisans à son secours; ils le trouvèrent baignant dans son sang et agité de convulsions. Transporté au palais, il expira presque aussitôt. Le meurtrier fut mis en pièces et ses membres livrés au bûcher, afin d'apaiser la fureur du peuple.

Le corps du roi fut enseveli dans un superbe mausolée de marbre blanc; une longue épitaphe, en lettres d'or sur fond d'azur, rappelle ses vertus. « Ici repose un roi et un martyr, issu de noble race, doux, instruit et vertueux, renommé pour les grâces de

---

Gibraltar, despues que supieron que el rey don Alonzo era muerto, ordénaron entre si que ninguno no fuese osado de fazer ningun movimiento contra los cristianos, ni mover pelear contra ellos; estuvieron todos quedos, y decian entre ellos que aquel dia muriera un noble rey y gran principe del mundo. »

Un fou, s'étant jeté sur lui par derrière, le frappa
d'un coup de poignard au côté.

sa personne et l'aménité de ses manières, et dont la clémence, la piété et la bienveillance furent célèbres dans tout le royaume de Grenade. Ce fut un grand prince, un illustre capitaine, et sa vaillante épée servit avec honneur la cause musulmane; parmi d'autres puissants monarques, il soutint d'une main ferme le drapeau, etc. »

La mosquée, autrefois remplie des gémissements d'Yusef agonisant, est demeurée intacte; mais le monument qui rappelait ses vertus a disparu depuis longtemps. Néanmoins son nom se retrouve enlacé aux ornements de l'Alhambra et subira le sort de ce palais splendide, qu'il se montra si heureux et si fier d'embellir.

FIN

TABLE

Chapitre	I. — Le voyage.	7
—	II. — Gouvernement de l'Alhambra.	49
—	III. — Intérieur de l'Alhambra.	55
—	IV. — La tour de Comares.	75
—	V. — Réflexions sur la domination musulmane en Espagne.	87
—	VI. — Installation à l'Alhambra.	97
—	VII. — Le vagabond.	107
—	VIII. — La chambre de l'auteur.	115
—	IX. — L'Alhambra au clair de la lune.	127
—	X. — Les habitants de l'Alhambra.	131
—	XI. — La cour des Lions.	139
—	XII. — Boabdil el Chico.	155
—	XIII. — Souvenirs de Boabdil.	165
—	XIV. — Le balcon.	175
—	XV. — L'aventure du maçon.	187
—	XVI. — Excursion dans la montagne.	197
—	XVII. — Les visiteurs de l'Alhambra.	217
—	XVIII. — Légende de l'héritage du Maure.	231
—	XIX. — Le vétéran.	279
—	XX. — Le gouverneur et le notaire.	285
—	XXI. — Le gouverneur Manco et le soldat.	303
—	XXII. — Muhamed Abu Alahmar, fondateur du palais de l'Alhambra.	345
—	XXIII. — Yusef Abul Hagig, celui qui termina l'Alhambra.	363